地基 GPS 气象学原理与应用研究

Theory and Application of Ground-based GPS Meteorology

王　勇　刘严萍　著

测绘出版社

·北京·

内容提要

GPS气象学是一门交叉学科,是大地测量与气象学的研究热点和难点。本书首先介绍了地基GPS技术反演可降水量的原理,探讨了可降水量反演存在的问题,提出准实时的解算策略。接着讨论了GPS气象学应用的若干问题,探讨了不同气候类型的GPS对流层延迟变化。然后以经验模态分解与神经网络相结合的方法对GPS可降水量进行预测,并针对GPS可降水量的变化判断是否发生降水过程。最后研究了GPS对流层延迟(可降水量)的插值预测。

本书可作为测绘和气象专业的研究生的参考书,并可供大地测量和气象部门等相关科技人员参考。

图书在版编目(CIP)数据

地基GPS气象学原理与应用研究 / 王勇，刘严萍著. — 北京 ：测绘出版社，2012.8
ISBN 978-7-5030-2692-8

Ⅰ. ①地…　Ⅱ. ①王…　②刘…　Ⅲ. ①全球定位系统(GPS)—应用—气象学—研究　Ⅳ. ①P228.4 ②P4

中国版本图书馆CIP数据核字(2012)第200914号

责任编辑 吴　芸	封面设计 李　伟	责任校对 董玉珍

出版发行	测绘出版社	电　　话	010－83060872(发行部)
地　　址	北京市西城区三里河路50号		010－68531609(门市部)
邮政编码	100045		010－68531160(编辑部)
电子信箱	smp@sinomaps.com	网　　址	www.chinasmp.com
印　　刷	北京柏力行彩印有限公司	经　　销	新华书店
成品规格	169mm×239mm		
印　　张	9.25	字　　数	212千字
版　　次	2012年8月第1版	印　　次	2012年8月第1次印刷
印　　数	0001－1000	定　　价	30.00元

书　　号　ISBN 978-7-5030-2692-8/P・606

序

经过二十余年的发展，GPS 技术应用研究蓬勃发展，其一是气象学研究。大气对 GPS 信号延迟噪声处理的逆问题，发展至利用 GPS 信号测定大气水汽含量及温度分析研究，为监测恶劣天气及气候变化提供新的技术支撑。目前 GPS 气象探测已成为世界气象组织（WMO）21 世纪全球综合高空观测系统的重要组成部分。以 GPS 技术在气象学研究及应用为主要内容的新兴交叉学科，称为 GPS 气象学（GPS Meteorology，简称 GPS/MET）。GPS 观测资料在大气探测、天气变化监测和数值天气预报模式应用领域中的优越性及其初步成果，使 GPS 气象学在不足十年内迅速发展成为一个极具应用潜力的重要研究领域。

作为一门交叉学科，GPS 气象学既是大地测量与气象学的研究热点也是难点。中国大陆构造环境监测网络于 2012 年 3 月 2 日经国家验收，为 GPS 气象学应用研究提供了雄厚平台。目前我国众多省市已建 GPS CORS 系统，如何更有效地应用该系统为国民经济建设服务，是目前热点研究问题。

利用地基 GPS 接收设备可以测量和反演出整层大气中的水汽含量，这为天气预报、天气变化研究、InSAR 大气效应去除等涉及大气水汽工作的各个领域提供了新的水汽数据获取手段。王勇博士将其在中科院测量与地球物理研究所博士学习和北京大学遥感与地理信息系统研究所博士后工作期间的研究结果总结归纳成书，系统地阐述了国内外地基 GPS 气象学发展现状与地基 GPS 遥感水汽的原理；并针对 GPS 气象学的具体应用，给出了准实时 GPS 可降水量解算方案，推导了无气象要素的对流层延迟可降水量模型；介绍了其利用经验模态分解与神经网络技术相结合来预测 GPS 可降水量的方法；展示了他利用 GPS 技术进行中国大陆地区水汽变化的研究成果。这些内容是王勇博士多年从事 GPS 气象学研究工作的心血与结晶，达到国内相关研究的先进水平，具有较高的参考与应用价值，而且通俗易懂。作为国内系统论述地基 GPS 气象学应用的学术专著，该书具有较强的理论性与实用性，有助于推进我国地基 GPS 气象学的理论研究及业务应用。

许厚泽

2012.5

前 言

作为大地测量与气象学的新兴交叉学科，GPS气象学正日益呈现出其蓬勃发展之势。作者在该领域的研究工作，始于2004年博士论文选题，受导师柳林涛研究员思路的启发，明确研究方向，并坚持该方向的研究工作至今已达九年。从刚开始的对GPS数据处理软件GAMIT和GPS气象学理论的学习，到之后的各个阶段性研究工作，作者分别在同济大学、中国科学院测量与地球物理研究所、北京大学求学，得到了刘大杰老师、许厚泽院士、焦健老师、曾琪明老师等多位前辈的悉心指导；河北联合大学建筑工程学院的苏幼坡教授也为研究领域的跨学科拓展提供了广阔空间，特别是获得承担国家科技支撑计划课题部分研究工作的机会，对研究方向的拓展具有重要意义。回顾过去的九年，从时间推移的角度而言，作者的研究工作主要经历了以下几个阶段，最终促成了这本专著的形成：

2005年中国科学院测量与地球物理研究所、武汉市勘察设计研究院和湖北省气象局三家单位进行了GPS气象学合作研究，在武汉市GPS连续观测网的基础上，作者承担了GPS准实时可降水量反演策略研究和试验研究工作，以武汉市为例开展GPS气象学应用研究。

随后作者开始着手利用中国地壳运动监测网络GPS数据进行中国大陆地区的水汽变化研究，并将国内首次利用GPS进行中国大陆地区的水汽变化研究成果于2005年12月，在香港召开的GNSS国际会议进行了成果交流，得到国内外专家们及同行的认可。

2007年至今在河北理工大学工作以来，在河北省自然科学基金和唐山市科技局项目的资助下，延续了GPS气象学研究，将经验模态分解与神经网络技术相结合应用到GPS可降水量预测，将GPS可降水量预测时效提高到2～3小时。

2009—2011年，作者有幸在北京大学进行博士后工作研究，开展利用GPS进行InSAR大气校正的研究，拓展了研究方向，并在中国博士后科学研究基金的资助下完成该研究工作。

中南大学的博士研究生刘严萍负责本书§4.4至§4.7的编写，还为本书的GPS气象应用做了大量的数据处理工作。本书部分内容由杨晶、张立辉协助完成，在此表示感谢。

本书的出版得到了国家科技支撑计划课题（2011BAK07B01；2009BAJ28B04-02B）和河北省高等学校科学技术研究项目（ZH 2012060）的资助，在此表示感谢！

目　录

Contents

第1章 绪 论

§1.1 研究背景和研究意义

1.1.1 研究背景

可降水量(precipitable water vapor,PWV)直接影响着大气垂直稳定性,且相位变化与降水直接相关,在大气能量传输和天气系统演变中起重要作用,尤其是对水平尺度 100 km 左右、生命史几个小时内的中小尺度灾害性天气监测预报具有指示意义,因此成为中尺度或局地尺度的降雨强度预报的必要参数之一。利用地基 GPS 接收设备可以测量和反演出整层大气中的可降水量,这为天气预报、天气变化研究、InSAR 大气效应去除等涉及大气水汽工作的各个领域提供了新的可降水量数据获取手段。

可降水量对于气象、水文、地质等诸多领域产生深刻影响(曹云昌,2004)。长时间、连续性、高强度降水容易引发暴雨洪涝灾害,特别是近年来我国北京、广州等地暴雨内涝频发导致人员伤亡等损失严重,我国约三分之二的地区遭受不同类型和不同程度洪涝灾害,80%以上的耕地受侵害,同时区域集中降水所引发的滑坡、泥石流等地质灾害频发,特别是我国南方地区近年来损失严重。众所周知,预见期内的可降水量变化直接影响到降水预报精度,而且预见期越长,预见期内降水预报精度越高,对于防灾减灾的意义就越重大。

1.1.2 研究意义

1. GPS 技术可作为现有水汽探测的辅助方法

目前气象领域的水汽控测手段主要有无线电探空、水汽辐射计、卫星遥感、红外遥感和微波遥感。无线电探空工作量大、价格昂贵、水平空间密度小、时间分辨率低;水汽辐射计需频繁校对,无法全天候运作且价格昂贵;卫星遥感可提供大面积观测,但操作复杂;红外遥感只适用于无云天气;微波遥感精度较低。地基 GPS 遥感可降水量技术以其快速、精确、时空分辨率高、不受天气条件影响等优点,在水汽观测系统中日益受到重视。

测站上空积累的可降水量由地基 GPS 获得,并同化到数值天气预报模式中,可提高数值模式初始场精度。30 min 甚至更短的采样率使 GPS 可降水量适合服务于恶劣雷暴雨监测。近实时的 GPS 可降水量序列对短期雷暴雨有预报特性，GPS 可降水量序列的峰值与降水过程相对应，而常规的探空观测因间隔 12 h 则无法反映这过程。利用测站较密的地基 GPS 网，通过层析技术可获取水汽的四维分布，为数值天气预报提供实时高精度初始水汽场。

2. 中国大陆构造环境监测网络用于中国大陆水汽变化研究

中国大陆构造环境监测网络(简称陆态网络)是一个以监测地壳运动服务于地震预测预报为主，兼顾军事测绘保障、地球科学研究、大地测量应用和灾害天气预报的国家级地球科学与信息技术综合网络系统。它以全球导航卫星定位系统(Global Navigation Satellite System, GNSS)为主，辅以多种高新空间对地观测技术，对中国大陆及其邻区岩石圈的地壳运动和重力场变化、水圈的海平面变化、大气圈的对流层水汽含量变化及近地空间圈的电离层平均电子密度变化等进行实时与非实时相结合的综合监测，为研究现今地壳构造运动及其动力学机制、灾害性天气的形成机理和某些空间环境的演变提供基础资料。

3. GPS 可降水量可用于 InSAR 大气效应去除

目前我国大部分城市都遭受地面沉降的影响，全国累计地面沉降量超过 200 mm 的地区达 79 000 km^2，且有进一步扩大的趋势。合成孔径雷达干涉测量(interferometric synthetic aperture radar, InSAR)作为获取米级精度、数十米空间分辨率地面高程信息的手段，其差分技术(differential interferometric synthetic aperture radar, D-InSAR)可用于探测毫米级的微小地表形变，在大范围区域(100 km×100 km)监测地表形变。

如何提高 InSAR 处理精度，使其满足城市地面沉降监测要求是目前 InSAR 应用研究的难点。尽管 InSAR 技术测量精度目前已有较大提高，但在实际形变探测中仍受一些因素制约。同区域不同期 SAR 数据的大气延迟差异是影响 SAR 干涉测量的主要因素之一，易变的大气条件所带来的不同相位延迟，可导致数厘米形变误差。因此，InSAR 数据处理和干涉影像的解释，须研究大气影响并加以处理。

GPS 反演的可降水量精度为毫米级，其时间分辨率达 30 min 或更短时间，GPS 可降水量不受天气状况、不受 SAR 图像数量限制，在城市地表变形监测中可采用 GPS 反演可降水量，在 InSAR 处理结果中去除两期雷达数据时间的可降水量影响，提高 InSAR 处理精度，满足城市变形监测需求。

§1.2 国内外研究进展

全球定位系统(Global Positioning System, GPS)是由美国建立的全球卫星导航定位系统，由空间部分、地面监控部分和用户部分组成。GPS 卫星连续向用户播发用于进行导航定位的测距信号和导航电文，并接收来自地面监控系统的各种信息和命令；地面监控部分跟踪GPS卫星，确定卫星运行轨道及卫星钟差改正数，进行预报后再按规定格式编制成导航电文，并通过注入站送往卫星，向卫星发布指令；用户则用GPS接收机测定接收机至GPS卫星的距离，根据卫星星历给出的观测瞬间卫星空间位置等信息求出接收机的三维位置、运动速度和钟差等参数。

GPS卫星信号到达地面GPS接收机过程中，对流层所引起的延迟称为对流层延迟(zenith tropospheric delay, ZTD)。目前GPS相对定位精度达$10^{-8}\sim10^{-9}$，在高精度GPS数据处理中对流层延迟作为未知参数估算，对流层延迟与气象领域的可降水量可相互转化。GPS水汽探测技术源于美国，是在地球物理参数测定的基础上，利用大气折射率对气象参数的敏感性来探测大气状况。GPS对流层时延迟可用于精确反演GPS接收机天顶方向的可降水量(Bevis et al,1992；Rocken et al,1995；Duan et al,1996)，成为大气探测手段。近20年来该领域研究主要集中在水汽反演、GPS资料应用于数值预报等方面。

1.2.1　国外研究进展

1. 可降水量反演研究

GPS可降水量反演涉及两个阶段，即精确的GPS对流层延迟获取；对流层延迟转化为可降水量。该领域主要研究成果有：Niell等(1996)改进了某一仰角GPS卫星观测投影到天顶方向的映射函数；Duan等(1996)提出采用远距离(超过500 km)GPS站与GPS网联合解算，直接测量GPS绝对可降水量的方法，均方根误差达1.0～1.5 mm；Ware等(2001)提出沿GPS射线路径可降水量的测量方法，经17 000个GPS观测试验表明，沿仰角20°以上的累计斜距可降水量(slant water vapor,SWV)测量的均方根误差为1.3 mm；Ge等(2001)建立轨道参数误差影响GPS测量对流层延迟精度的模型，将精度提高近20%。

2. GPS可降水量精度验证

以水汽辐射计或无线电探空观测资料为基准，将GPS测量的可降水量或对流层湿延迟(zenith wet delay, ZWD)与之比较，获得GPS可降水量测量精度。通常，GPS测量可降水量的精度为1～2 mm，对流层湿延迟存在6～12 mm的测量偏差。

Rocken等(1995)利用水汽辐射计对GPS反演的可降水量进行了比较，两者相差1 mm。Emardson等(2000)利用水汽辐射计对瑞典和芬兰的GPS观测网进行比较，两者相差1～2 mm。

湿度较高的天气条件下，Liou等(2001)研究表明：GPS测量可降水量的偏差为2.2 mm，并认为GPS测量偏差与湿度的大小和GPS测站间的基线距离有一定关系。对于GPS低仰角观测，Niell等(1996)利用甚长基线干涉测量(very long baseline interferometry,VLBI)技术进行了GPS湿延迟测量比较研究，两者仅相差3%。

Haase 等(2003)对地中海西部 51 个 GPS 测站测量的对流层延迟与无线电探空资料计算值进行比较，得出对流层延迟存在 7 mm 平均偏差的结论，指出将 GPS 资料用于气候研究前，需进行比较研究。

3. GPS 资料用于检验数值预报模式性能

由于缺乏对大气水汽连续、精确的观测，检验数值预报模式水汽预报非常困难。GPS 可降水量探测技术为检验数值预报模式水汽预报性能提供可能。

Cucurull 等(2002)检验高分辨率静力模式(high resolution limited area model，HIRLAM)(0.5°×0.5°)对可降水量的预报能力，研究表明：当预报 6 h 时，模式预报与 GPS 测量偏差为 0.4 mm，均方根误差为 2 mm；当预报 24 h 时，偏差为 1.2 mm，均方根误差为 3 mm。Elgered 等(2001)进行了地基 GPS 用于数值天气预报的应用研究。

针对高分辨率、非静力数值预报模式，Cucurull 等(2002)通过分析对流层延迟预报偏差的具体构成，论证了模式地形高度与 GPS 测站高度差是导致静力学延迟(zenith hydrostatic delay，ZHD)预报误差的主要原因，并提出了高度差与静力学延迟预报偏差的统计订正关系。

4. GPS 资料的同化研究

GPS 资料在数值天气预报领域日益受到人们关注。首个科学试验是 1993 年 5～6 月在美国堪萨斯州和俄克拉荷马州等风暴多发地区进行的 GPS/STORM 观测试验(Rocken et al，1995)，此后美国海洋大气局(National Oceanic and Atmospheric Administration，NOAA)建立 GPS 观测网开展 GPS 可降水量用于天气预报的研究。

可降水量资料同化试验始于 20 世纪 90 年代，Kuo 等(1998)进行四维变分同化(four-dimensional variational assimilation，4DVAR)可降水量资料尝试，得出可降水量资料的使用能改善垂直水汽结构和短期降水预报的结论，证明四维变分同化可降水量资料是可行的。丹麦气象局(Danmark weather department，DWD)也对其局地模式(local mode，LM)进行了 3 h 间隔的 GPS 可降水资料同化试验，Tomassini 等(2002)证实同化后模式预报的可降水量与 GPS 测量值吻合，同时指出同化 GPS 可降水量要注意冬季逆温和湿度垂直梯度对同化效果的影响。

一些专家进行了 GPS 测量的斜路径湿延迟(slant wet delay, SWD)资料的同化尝试，Haan 等(2002)针对一次飑线过程进行的斜路径湿延迟资料(GPS 观测资料和模拟资料)四维变分同化试验表明：斜路径湿延迟资料的使用明显提高了模式对地线过程 6 h 降水和锋面结构的预报能力。与可降水量资料同化相比，其在降水分布和降水强度的预报上改进更加明显。

总之，不同个例、模式、方法均证明 GPS 可降水量的使用能提高模式对降水的预报能力，与探空或风廓线仪资料共同使用时能更好地提高模式的预报性能。

5. 其他应用研究

(1)诊断三维水汽分布。Macdonald 等(2002)利用间距为 40 km 高分辨率的 GPS 观测网,结合地面水汽观测资料和低分辨率探空站网的湿度资料,以三维变分同化(three-dimensional variational assimilation,3DVAR)技术为基础,应用 GPS 斜路径可降水量诊断三维水汽场,用于锋区定位和中尺度天气预报。

(2)天气分析和预报。利用区域性稠密的 GPS 网,可监测水汽在几十千米范围内的变化,这对台风、暴雨监测等有意义。Liou 等(2000)利用 GPS 资料对 1998 年 10 月中旬瑞伯台风影响台湾前后水汽变化特征进行分析。Seco 等(2012)以西班牙潘普洛纳(Pamplona)九年 GPS 可降水量数据为例,推导了降水预测模型。Maghrabi 等(2011)利用澳大利亚南部的夜间红外温度、屏幕温度与 GPS 可降水量获得夜间红外温度的多元线性回归预测模型,该模型以一年的观测数据进行检验,可以获得很好的预测效果,预测误差在 1°以内。

(3)区域气候研究。Gradinarsky 等(2002)对连续六年的 GPS 资料进行研究后认为 GPS 资料可用于大气水汽变化长期监测。利用已有的 GPS 资料验证美国环境预报中心(National Centers for Environmental Prediction,NCEP)、美国大气研究中心(National Center for Atmospheric Research,NCAR)和欧洲中期天气预报中心(European Centre for Medium-Range Weather Forecasts,ECMWF)的再分析资料可用于气候研究。

此外,GPS 资料还可用于电离层分析、空间天气、大气化学等方面。

1.2.2　国内研究进展

20 世纪 90 年代中期我国开始对 GPS 测量可降水量的原理、算法、误差分析和订正等方面进行深入探讨,并应用于天气过程的分析,主要包括以下几个方面。

1. GPS 气象学原理介绍

王小亚等(1998)进行地基 GPS 气象学基本原理、方法、应用、误差源等讨论,介绍了对流层湿延迟的估计方法、湿延迟与可降水量的转换。李成才等(2004)研究 GPS 反演可降水量产生误差的各种因素,总结由湿延迟计算可降水量的方法,并提出我国 GPS 业务应用需解决的问题。

2. GPS 可降水量推算的精度验证

GPS 可降水量推算精度研究主要集中在减少反演模式的各种误差源方面。陈俊勇(1998)系统分析影响可降水量测量精度的因素,并建议将大气加权平均温度模型(T_m)的估计作为重要工作。

针对大气折射水平梯度影响 GPS 精确定位这一问题,刘炎雄等(2000)则提出了分段多项式方法计算可降水量,并结合探空资料,评估地基 GPS 遥感技术精度。

3. GPS 气象学实验研究

采用覆盖全国的 23 个 GPS 站和我国周边的 6 个国际 GNSS 服务 GPS 站为期 6 d 的 GPS 观测资料，组成区域地面试验网，初步验证用地面 GPS 空间信息开发可降水量数据的可行性和可靠性(王小亚 等，1999)。1998 年 5 月至 6 月，华南"GPS 暴雨观测试验"获得大量的 GPS 与气象同步观测数据，研究表明：利用地基 GPS 数据和大气改正模型得出的可降水量数据与无线电探空可降水量一致，GPS 可降水量与地面实测的逐时累积降雨量存在较好的对应关系，降雨多发生在 GPS 可降水量处于相对高值且变化较大的时间(何平 等，2002；杨红梅 等，2000)。2004 年的北京 GPS 暴雨观测试验，完善了 GPS 可降水量的解算方法，进一步验证了 GPS 可降水量的精度。2002 年上海 GPS 综合应用网建成，立足于研究 GPS 水汽优化第五代中尺度模式(mesoscale model 5，MM5)初始场的方案，以形成上海灾害天气监测预报系统。李青春等(2007)利用北京市气象局地基 GPS 监测试验网遥感可降水量数据，分析物理量诊断场分布，研究天气系统与大尺度水汽输送、辐合的关系，大尺度水汽输送、辐合与可降水量变化的关系，并探讨 GPS 遥感可降水量资料在预报强降水天气过程中的应用。

郭洁等(2009)利用成都 GPS 连续运行参考系统(continual operation reference system，CORS)数据，结合地面自动气象站网资料反演 GPS 可降水量，分析 GPS 可降水量在不同类型降雨天气过程中的演变特征及日变化规律。罗布等(2010)研究了 GPS 可降水量与日平均温度、相对湿度和降水量的关系。李国翠等(2011)研究由副热带高压进退引起的强降水天气过程中的 GPS 可降水量与假相当位温的演变趋势。

4. GPS 可降水量用于数值预报和同化研究

地基 GPS 气象学观测资料通过变分同化引入数值预报模式对降水预报有较好的作用。上海市气象局利用 2002 年 6 月 27 日 20:00 可降水量资料，在第五代中尺度模式中通过三维变分同化预报 28 日 02:00～08:00 的 6 h 的累积雨量，各降水等级的预报特别是暴雨等级预报有很大改进。GPS/PWV 同化后在 GPS 站密度较大的上海、浙东北地区、皖南、浙西北山地及江苏中东部地区等区域对雨量预报有明显改善(袁招洪 等，2004)。宋淑丽等(2005)开展了上海 GPS 可降水量层析监测，结果表明 GPS 可降水量的层析监测与无线电探空的结果非常接近，可有效提高 MM5 对上海地区可降水量垂直分布预报的精度。

李红莉等(2010)设计三种试验方案与实况进行对比分析，并结合天气研究与预报(weather research and forecasting，WRF)模式模拟，研究 GPS 可降水量资料在区域分析与预报系统(local analysis and prediction system，LAPS)中的作用以及对预报的影响。余晓磊等(2012)通过处理 2006 年、2007 年国际 GNSS 服务提供的武汉站 GPS 观测数据，对武汉地区 GPS 可降水量与气象因子的相关性进行分析。邓佳等(2012)利用成都地区4个GPS站的可降水量数据,结合自动气象站雨量和美国大气研究中心的再分析等资料,对2008年7月20至22日一次由高原涡诱生西南涡引发的四川盆地暴雨过程的水汽变化进行了分析。

陈敏等(2008)采用第五代中尺度模式的非静力预报模式及其伴随模式系统,对2005年汛期北京地区的一次局地强对流降水过程进行四维变分同化试验,成功地模拟出此次降水过程,不仅很好地修正了变分同化窗内的降水预报,且使同化窗口以后的降水预报获得明显改善。陈敏等(2010)在3 h快速更新循环同化预报系统平台进行了同化局地GPS可降水量资料的试验,局地GPS可降水量的同化可以使模式对大阈值降水的时段、强度和落区的预报性能均获得全面的提高,在模式积分最初的0～6 h表现得更为明显。

5. 其他应用研究

王勇等(2007)对GPS气象学应用进行了较为深入地研究,针对武汉地区GPS气象网资料进行GPS对流层延迟直接推算可降水量的研究;其利用中国地壳运动监测网络GPS数据,获得了中国大陆地区水汽变化图;以武汉地区GPS网的可降水量序列对武汉地区2005年入秋季节的转换进行了监测。

张端禹等(2010)针对2008年8月末湖北出现的连续大暴雨,利用常规气象观测资料、自动气象站雨量资料、地基GPS可降水量资料与美国大气研究中心的再分析资料探讨大暴雨过程水汽特征。李国平等(2011)利用成都GPS连续运行参考系统观测数据的GPS可降水量,选取对流云降水和层状云降水个例,分析不同类型降水过程中GPS可降水量的变化特征。

丁海燕等(2012)反演了北京GPS连续运行参考系统的GPS可降水量资料,分析了夏季暴雨的水汽特征,利用高空、地面常规气象资料以及加密气象自动站观测资料计算地面和高空比湿,结合温度、风等物理量,分析了三次暴雨天气过程中的大尺度水汽输送和中尺度局地辐合作用。

第 2 章　地基 GPS 遥感水汽基本理论

GPS 卫星发射的无线电波信号在穿过大气层时，受电离层、平流层和对流层大气折射，产生时延和弯曲两种效应，造成信号传播延迟。其中电离层的影响部分称为电离层延迟；经过对流层和平流层时所产生的延迟，折射的 80% 发生在对流层，通常称为对流层延迟(中性大气层延迟)。

对流层湿大气对信号的传播延迟成为气象研究的有用信息，该延迟与气象参数紧密关联，由湿延迟可推算出气候研究和天气预报所需的可降水量。在利用高精度定位定轨软件处理 GPS 观测数据求解高精度的基线、站地心坐标和站运动速率时，为改进 GPS 定位精度，需要消除对流层湿延迟的影响，为此，建立精确的对流层延迟随机参数模型，通过此模型获得对流层延迟参数值。作为 GPS 解算结果的间接产品，该估计参数为地基 GPS 反演大气可降水量提供了可能。利用地基 GPS 测量的对流层延迟转化为气象领域的可降水量，该过程称为地基 GPS 气象学，GPS 技术丰富了可降水量信息的获取来源。地基 GPS 气象遥感技术的出现为探测大气的可降水量提供新方法，对现有的探测方法提供了有力的补充。GPS 可降水量资料对天气预报、空间天气和全球天气变化的研究具有重要的意义。

§2.1　GPS 对流层延迟

GPS 对流层延迟是获得可降水量的基础，GPS 对流层延迟可以通过高精度解算软件获得，如何由 GPS 观测数据获得对流层延迟是本节需要探讨的内容。

地基 GPS 遥感可降水量可以分为如下几个过程：

(1)利用 GPS 测量数据求解 GPS 对流层延迟。

(2)通过气压、温度或者测站地理坐标计算出静力学延迟。

(3)对流层延迟与静力学延迟之差得到对流层湿延迟。

(4)湿延迟转化为可降水量。

2.1.1　GPS 测量对流层延迟原理

GPS 卫星信号在到达接收机以前，穿过大气层时，由于电磁波与大气介质发生相互作用，产生折射效应，引起信号延迟。延迟通常分为电离层延迟和对流层延迟。相对于真空而言，GPS 信号延迟的大小取决于大气折射率。电离层所引起的延迟可以通过 GPS 双频载波信号消除。本文关注和研究的内容是因大气作用而导致的延迟。

对流层延迟，不能利用双频观测消除，但可利用模型模拟。对流层对 GPS 信号的两种影响表现在：①降低信号传输的速度，其取决于大气的厚度和折射率；②导致信号的弯曲，由于大气折射率的变化，实际的 GPS 信号路径是一条曲线，而不是直线。这两种影响是由于沿射线传播路径上大气折射指数的变化而造成的。对流层延迟可以用传播路径长度的增加来表示。增加的路径为

$$\Delta L = \int_L n(s)\mathrm{d}s - G \tag{2-1}$$

式中，ΔL 为增加的信号传播路径长度，即对流层延迟；$n(s)$ 为沿弯曲的射线路径 L 上 s 处的大气的折射率指数；G 为通过大气的几何直线路径长度（假设大气是真空情况下的路径）。这样

$$\Delta L = \int_L [n(s) - 1]\mathrm{d}s + (S - G) \tag{2-2}$$

式中，S 为沿 L 的路径长度。式(2-2)右侧第一项是由于减慢的影响，第二项是由于弯曲的影响。弯曲项 $(S - G)$ 在仰角超过 $15°$ 时大约为 1 cm 或更小。当射线指向天顶，而 n 没有水平梯度时，射线为直线，弯曲项就消失了。式(2-2)中折射指数常以大气折射指数 N 表示，$N = 10^6 \times (n - 1)$。

大气折射指数是温度、气压、水汽压的函数，其关系式表示为

$$N - 77.6 \times \left(\frac{p}{T}\right) + 3.73 \times 10^5 \times \left(\frac{p_w}{T^2}\right) \tag{2-3}$$

式中，N 为大气折射指数，p 为大气压，hPa；T 为大气温度，K；p_w 为水汽压，hPa。式(2-3)右侧第一项要远大于第二项。更精确的人气折射指数计算公式如下

$$N = k_1 \times \frac{P_d}{T} \times \boldsymbol{Z}_d^{-1} + k_2 \times \frac{P_w}{P} \times \boldsymbol{Z}_w^{-1} + k_3 \times \frac{P_w}{T^2} \times \boldsymbol{Z}_w^{-1} \tag{2-4}$$

其中，k_1, k_2, k_3 为大气折射率实验常数，$k_1 = 77.604 \pm 0.014$，K/hPa；$k_2 = 64.79 \pm 0.08$，K/hPa；$k_3 = (3.776 \pm 0.014) \times 10^5$，$\mathrm{K}^2/\mathrm{hPa}$；$P_d, P_w$ 分别为干空气和水汽的分气压，hPa；$\boldsymbol{Z}_d^{-1}$、$\boldsymbol{Z}_w^{-1}$ 分别对应于空气和水汽的修正系数，用于修正非理想气体的情况。这两个值近似为常数，仅仅只有千分之几的变化。对于理想气体，$Z = 1$。Davis 等(1998)研究指出式(2-4)中系数的不确定限制了大气折射指数的计算精度，其误差大约为 0.02%。

2.1.2　对流层延迟模型

对流层延迟计算模型主要有三种，分别为 Hopfield 模型、Saastamoinen 和 Black 模型。

1. Hopfield 模型

众所周知，气温 T、气压 P 和水汽压 e 将随着高度的增加而逐渐降低。在建

立 Hopfield 模型的过程中，采用下列公式来描述气象要素 T、P、e 和高程 h 之间的关系

$$\left.\begin{aligned}\frac{\mathrm{d}T}{\mathrm{d}h}&=-6.8\\ \frac{\mathrm{d}P}{\mathrm{d}h}&=-\rho\times g\\ \frac{\mathrm{d}e}{\mathrm{d}h}&=-\rho\times g\end{aligned}\right\}\tag{2-5}$$

由式(2-5)可知，对流层中高程每增加 1 km，气温 T 就下降 6.8℃，直至对流层的外边缘气温等于绝对零度时为止。气压 P 和水汽压 e 也将随高度 h 的增加而降低，其变化率与大气密度 ρ 及重力加速度 g 有关。顾及理想气体状态方程，导出 Hopfield 模型如下

$$\left.\begin{aligned}&\Delta S=\Delta S_d+\Delta S_w=\frac{K_d}{\sin(E^2+6.25)^{1/2}}+\frac{K_w}{\sin(E^2+2.25)^{1/2}}\\ &\Delta S_d=155.2\times10^{-7}\times\frac{P_s}{T_s}\times(h_d-h_s)\\ &K_w=155.2\times10^{-7}\times\frac{4\,810}{T_s^2}\times(h_w-h_s)\\ &h_d=40\,136+148.72\times(T_s-273.16)\\ &h_w=11\,000\end{aligned}\right\}\tag{2-6}$$

式中，ΔS 为对流层延迟，m；ΔS_d 为对流层静力学延迟，m；ΔS_w 为对流层湿延迟，m；T_s 为绝对温度，K；P_s 为气压，hPa；e 为水汽压，hPa；E 为高度角，°；h_d 为对流层顶部高于大地水准面的有效高度，m；h_w 为对流层湿气高于大地水准面的有效高度，m。当高度角 $E\geqslant 10°$ 时，对投影函数所作的近似处理所造成的误差小于 5 cm。

2. Saastamoinen 模型

Saastamoinen 模型的表达如下

$$\Delta S=\frac{0.002\,277}{\sin E}\times\left[P_s+\left(\frac{1\,255}{T_s}+0.05\right)\times e_s-\frac{B}{\tan^2 E}\right]\times W(\varphi\cdot H)+\delta R\tag{2-7}$$

式中，$W(\varphi\cdot H)=1+0.002\,6\times\cos2\varphi+0.000\,28\times h_s$，其中，$\varphi$ 为测站纬度，°；h_s 为测站高程，km；B 是 h_s 的列表函数，δR 是 E 和 h_s 的列表函数。

经数值拟合后上述公式可表示为

$$\left.\begin{aligned}&\Delta S=\frac{0.002\,277}{\sin E'}\times\left[P_s+\left(\frac{1\,255}{T_s}+0.05\right)\times e_s-\frac{a}{\tan^2 E'}\right]\\&E'=E+\Delta E\\&\Delta E=\frac{16''}{T_s}\times\left(P_s+\frac{4\,810}{T_s}e_s\right)\times\cot E\\&a=1.16-0.15\times10^{-3}\times h+0.716\times10^{-3}\times h_s^2\end{aligned}\right\}\tag{2-8}$$

3. Black 模型

Black 模型的表达如下

$$\Delta S=K_d\times\left[\sqrt{1-\left[\frac{\cos E}{1+(1-l_0)\times\frac{h_d}{r_s}}\right]^2}-b(E)\right]+K_w\times\left[\sqrt{1-\left[\frac{\cos E}{1+(1-l_0)\times\frac{h_w}{r_s}}\right]^2}-b(E)\right]\tag{2-9}$$

其中，参数 l_0 和路径弯曲改正 $b(E)$ 可用下式确定

$$l_0=0.833+[0.076+0.000\,15\times(T_s-273.16)]^{-0.3E}$$

$$b=1.92\times(E^2+0.6)^{-1}$$

式(2-9)中，ΔS 为对流层延迟，m；E 为高度角，°；h_d 为对流层顶部高于大地水准面的有效高度，m；h_w 为对流层湿气高于大地水准面的有效高度，m。h_d，h_w，K_d，K_w 计算公式如下

$$\left.\begin{aligned}&h_d=148.98\times(T_s-3.96)\\&h_w=13\,000\\&K_d=0.002\,312\times(T_s-3.96)\times\frac{P_s}{T_s}\\&K_w=0.20\end{aligned}\right\}\tag{2-10}$$

上述几种对流层延迟模型虽然形式各不相同，但用同一组气象数据代入后求得的天顶方向的对流层延迟的较差一般仅有几个 mm。以上结论成立的条件为测站高程 h_s 数值不大，但当测站高程 h_s 的数值很大时(超过 1 000 m)，Hopfield 模型和 Saastamoinen 模型求得的天顶方向的对流层延迟可相差数十厘米。在这种情况下，不宜采用 Hopfield 模型。

GPS 对流层延迟作为未知参数，在 GPS 数据处理中选取适当的对流层延迟解算模型，GPS 处理结果可获得对流层延迟。

GPS 载波相位基本观测方程如下(周忠谟，1999)

$$\varphi_i^j(t)=\frac{f}{c}\times\rho_i^j(t)+f\times[\delta t_i(t)-\delta t^j(t)]-N_i^j(t_0)+\frac{f}{c}\times[\Delta_{i,I_P}^j(t)+\Delta_{i,T}^j(t)]\tag{2-11}$$

式中，$\varphi_i^j(t)$ 为观测历元 t_i 时刻卫星 s^j 至观测站 T_i 的载波相位；$\rho_i^j(t)$ 为观测历元 t_i 时刻卫星 s^j 至观测站 T_i 的几何距离；$[\delta t_i(t)-\delta t^i(t)]$ 为观测历元 t_i 时刻接收机钟相对卫星钟的钟差；$\Delta_{i.I_P}^j(t)$ 为观测历元 t_i 时刻电离层延迟的影响；$\Delta_{i.T}^j(t)$ 为观测历元 t_i 时刻对流层延迟的影响，可以从 GPS 数据处理结果中得出。

在高精度的 GPS 数据处理软件中，估算对流层延迟常用的方法有两种：

(1)采用最小二乘估计，在每个给定的时间间隔里，每个测站上确定一个对流层延迟参数，即在给定时间间隔里，把对流层延迟看成常数。

(2)利用卡尔曼滤波，把对流层延迟作为一个随机过程来处理。在两种方法中均假定 GPS 天线周围的大气是各向同性的。

2.1.3 静力学延迟计算

静力学延迟的计算模型与对流层延迟模型一样，有三种模型，分别为 Hopfield 模型、Saastamoinen 和 Black 模型。静力学延迟的计算模型较为精确，可达到毫米级。

1. Hopfield 模型

Hopfield 模型的表达如下

$$\left.\begin{aligned}\Delta S_d &= \frac{77.6\times10^{-3}\times P_s}{5\times T_s}\times(h_d-h_s)\\ h_d &= 40\,136+148.72\times(T_s-273.16)\end{aligned}\right\}\tag{2-12}$$

式中，ΔS_d 为静力学延迟，mm；T_s 为绝对温度，K；P_s 为气压，hPa；h_d 为对流层顶部高于大地水准面的有效高度，m；h_s 为测站的海拔高程，m。

2. Saastamoinen 模型

Saastamoinen 模型的表达如下

$$\left.\begin{aligned}\Delta S_d &= (2.276\,8\pm0.002\,4)\times\frac{P_s}{f(\theta,H)}\\ f(\theta,H) &= 1-0.002\,66\times\cos2\theta+0.000\,28\times H\end{aligned}\right\}\tag{2-13}$$

式中，ΔS_d 为静力学延迟，mm；P_s 为测站表面大气压，hPa；θ 为测站纬度，°；H 为测站大地高，km。

3. Black 模型

Black 模型的表达如下

$$\Delta S_d = 2.312\times(T_s-3.96)\times\frac{P_s}{T_s}\tag{2-14}$$

经验证，在测站高程不大(小于 1 000 m)时，静力学延迟解算的三个模型的结果非常接近。在测站高程大于 1 000 m 时，静力学延迟解算可用 Saastamoinen 和 Black 模型，如果要用 Hopfield 模型的话，需要对该模型进行修正。

2.1.4　对流层湿延迟计算

湿延迟可由对流层延迟和静力学延迟差值得到，即

$$\Delta S_w = \Delta S - \Delta S_d \tag{2-15}$$

式中，ΔS 为对流层延迟，ΔS_d 为静力学延迟，ΔS_w 为湿延迟。

§2.2　GPS 大气延迟模型

在目前的 GPS 数据处理软件中，GPS 信号方向的大气延迟 atdel 用如下模型表示

$$\begin{aligned} atdel(e,\alpha) &= dryzen \times drymap(e) + wetzen \times wetmap(e) \\ &+ \text{grad}ns \times azmap(e) \times \cos\alpha + \text{grade}w \times azmap(e) \times \sin\alpha \end{aligned} \tag{2-16}$$

式中，e、α 分别为高度角和方位角；$dryzen$、$wetzen$ 分别为静力学延迟和湿延迟；$drymap$、$wetmap$ 分别为静力学映射函数和湿映射函数；gradns、grade$w$ 为南北、东西方向的梯度；$azmap$ 为梯度的映射函数。

由于水汽的分布很难用地面气象参数准确地模型化，高精度 GPS 数据处理软件 GAMIT 估计了对流层延迟，并且相位或伪距观测值对于对流层延迟参数的偏导数是映射函数，对于小的局域网，由于各测站对同一颗卫星的高度角非常接近，各站的对流层延迟相关性很强，网内各站的对流层延迟相对关系很准确。可以采用每个测站一个时段一个参数，或者每个时段内采用分段线性拟合函数，对于时段间的节点采用 阶高斯 马尔可夫过程进行约束。

2.2.1　映射函数

在 GPS 数据处理中，对于大气延迟，对每一个测站天顶方向的对流层延迟作为未知数进行估算，通过静力学映射函数和湿映射函数投影到每个斜方向上。采用的模型如下

$$\Delta\delta = \Delta\delta_{zd} \times m_d(z,p) + \Delta\delta_{zw} \times m_w(z,p) \tag{2-17}$$

映射函数的准确性不仅影响斜延迟精度，也会影响定位精度。目前常用的映射函数模型主要有：

(1)Hopfield 映射函数。该模型是从全球性平均资料中总结出干、湿大气层的高度和大气折射指数得到的，模型的经验系数是用全球 18 个台站一年的平均资料得到的。

(2)Saastamoinen 映射函数。该映射函数建立在 Snell 定律基础上，需要知道大气折射廓线 $n(r)$ 及干、湿对流层和干平流层各层的边界值。Saastamoinen 用适用于中纬度地区的美国大气模式计算出修正系数，然后列表插值。如果考虑到

地区和季节的因素，模型的精度会更高。

(3) Marini 连续性映射函数。该映射函数是第一个与卫星高度角相关的经验性映射函数，模型中的系数是在经验资料的基础上获得的。

(4) Ifadis 映射函数。该模型汇集了 47 个全球站三年的气压、温度、相对湿度以及风速和方向的资料发展的。模型中的系数取决于全球性气候和测站气候以及采用的气象相关模型，这些都是温度、气压、相对湿度的线性函数。对于干大气，该模型根据具体位置条件的不同可分成：北极、温带、草原、热带、沙漠和山区六类地区。对于湿大气，高度角为 2°时，模型误差小于 4 mm(杨力，2001)。

(5) NMF 映射函数。Niell 认为地表温度要比 2 000 m 以上变化剧烈，对于取决于地表参数的模型而言，地表参数限制了模型的精度。基于随时间周期性的变化的大气层分布，采用美国标准大气模式中北纬地区冬季和夏季的温度和相对湿度廓线。

2.2.2 水平梯度

对流层模型的不准确是目前 GPS 测量的最大误差源，GPS 数据处理模型中开始逐步考虑水平梯度对定位精度的影响。在此介绍六参数梯度模型和国外三大 GPS 数据处理软件(GIPSY、GAMIT、BERNESE)中的梯度模型。

1. 六参数梯度模型

该模型表达如下

$$\tilde{\Delta L^z}(e,\varphi,\Delta t)=\Delta L^z+V_L\times\Delta t+\mathrm{cot}e\times[1-10^{-6}\times N_s\times\csc^2 e]\times$$
$$[\Xi_n\times\cos\phi+\Xi_e\times\sin\phi+\dot{\Xi}_n\times\Delta t\times\cos\phi+\dot{\Xi}_e\times\Delta t\times\sin\phi] \tag{2-18}$$

式中，e、ϕ 为高度角和方位角，ΔL^z 为湿天顶延迟，V_L 为湿天顶延迟的线性时间梯度，N_s 为总的折射率，Ξ_n、Ξ_e 为线性空间梯度，$\dot{\Xi}_n$、$\dot{\Xi}_e$ 为线性空间梯度率。使用该模型，0.5 h 解算的对流层湿延迟均方根误差为 1 mm。

2. GIPSY 软件中使用的梯度模型

GIPSY 软件中对流层梯度引起的信号延迟模型为

$$\begin{aligned}\Delta D&=m_\Delta(e)\times\mathrm{cot}e\times[G_N\times\cos\phi+G_E\times\sin\phi]\\&=m_\Delta(e)\times\mathrm{cot}e\times|G|\times\langle U_G,\boldsymbol{U}_\phi\rangle\end{aligned} \tag{2-19}$$

式中，ϕ 为由北向东的方位角，e 为高度角，$m_\Delta(e)$ 为映射函数，$G=(G_N,G_E)$ 为梯度向量，$\boldsymbol{U}_\phi=(\cos\phi,\sin\phi)$ 是方位向量，$U_G=G/|G|$。

实验证明，利用这个模型进行梯度估计，可提高定位精度，特别是高度角较低时，梯度估计有明显的作用。

3. GAMIT 中的梯度模型

GAMIT 中的梯度模型为

$$atdel(el,az) = \text{grad}ns \times azmap(el) \times \cos(az) + \text{grad}ew \times azmap(el) \times \sin(az) \tag{2-20}$$

式中，el 为高度角，az 为方位角，$azmap$ 为映射函数。

$$azmap = 1./[\sin(el) \times \tan(el)] + c \tag{2-21}$$

式中，c 为常数，取为 0.003。GAMIT 软件中给定的缺省先验约束为 30 mm。

4. BERNESE 软件中的梯度模型

对流层天顶距为 $\tilde{z}$，几何天顶距为 z。对流层延迟为

$$\Delta\rho_k^i = f_{apr}(\tilde{z}_k^i) \times \Delta\rho_{apr,k} + f(\tilde{z}_k^i) \times \Delta\rho_k(t) \tag{2-22}$$

式中，$\Delta\rho_{apr,k}$ 为由先验模型确定的天顶对流层延迟，f_{apr} 为先验模型中的映射函数，$\Delta\rho_k(t)$ 为测站 k 的天顶对流层延迟参数，$f(\tilde{z}_k^i)$ 为参数估计的映射函数。由于对流层天顶距未知，先验映射函数 f_{apr} 中 $\tilde{z}$ 常用几何天顶距 z 代替，并假设两天顶距之间有一小的角度之差，即

$$\tilde{z}_k^i = z_k^i + \beta = z_k^i + x_k \times \cos A_k^i + y_k \times \sin A_k^i \tag{2-23}$$

式中，A_k^i 为测站—卫星视线方向的方位角，x_k，y_k 为依赖于测站的参数。

梯度的湿延迟模型为

$$\Delta\rho_k(t) = f_{apr}(z_k^i) \times \Delta\rho_{apr,k} + f(z_k^i) \times \Delta^h\rho_k(t) + \Delta^n\rho_k(t) \times \frac{\partial f}{\partial z} \times \cos A_k^i + \Delta^e\rho_k(t) \times \frac{\partial f}{\partial z} \times \sin A_k^i \tag{2-24}$$

式中，$\Delta\rho_k(t)$ 为天顶延迟参数，$\Delta^n\rho_k(t) = \Delta\rho_k(t)x_k$ 为南北方向的梯度参数，$\Delta^e\rho_k(t) = \Delta\rho_k(t)y_k$ 为东西方向的梯度参数。

§2.3　GPS 可降水量推算

2.3.1　可降水量的计算

表征大气水汽含量通常有两种：①综合水汽含量（integrated water vapor，IWV），即每单位面积上水汽的质量，其高度可理解为往上无限地延伸；②可降水量，相当于同样水汽含量的水柱高，可理解为某一时刻大气中的水汽在达到饱和时凝结成水全部降落所产生的降水量，即

$$PWV = IWV/\rho \tag{2-25}$$

式中，ρ 为液态水密度。

可降水量与对流层湿延迟的关系可通过下列关系式得到

$$PWV = \prod \times ZWD \tag{2-26}$$

式中，$\prod$ 为转换系数，kg/m^3。转换系数 $\prod$ 可按下式计算（Bevis，1992）

$$\prod = 10^6 / [(k_3 \times T_m^{-1} + k'_2) \times R_v] \tag{2-27}$$

式中，k'_2和k_3为大气折射常数，$k'_2=22.1\pm2.2$，K/hPa；$k_3=3.739\times10^5\pm0.012\times10^5$，$K^2$/hPa；$R_v$为水汽的气体常数，$R_v=4.613\times10^6$，erg/g·°；$T_m$为大气加权平均温度，k，其是水汽分压和相应的绝对温度沿天顶方向的积分值，可由下列公式计算

$$T_m = \frac{\int (P_v/T) \times \mathrm{d}z}{\int (P_v/T^2) \times \mathrm{d}z} \tag{2-28}$$

式中，P_v为某点上的水汽分压，hPa；T为同一点上的绝对温度，K。由于P_v、T都随时间和空间的变化而变化，T_m是一个时空变化量，故转换系数$\prod$也是一个变化量。要确定转换系数$\prod$，首先要确定大气加权平均温度T_m。

2.3.2 大气加权平均温度的确定

由于水汽分压垂直分布不均匀性和随时间变化复杂性，大气加权平均温度T_m的精确积分值难以求得。计算T_m实际值的最佳方法为利用当地气象观测仪器无线电探空仪(radiosonde)的观测数据根据式(2-19)求得；计算大气加权平均温度模型简便的方法是取一固定值作为某一地区平均温度值，但精度较低。

大气加权平均温度通常采用统计方法推出的大气加权平均温度相对于表面温度T_s的线性回归公式来求得。Bevis 等(1992)利用无线电探空仪数据推出了适合中纬度(北纬 27°～65°)地区的线性回归公式

$$T_m = 70.2 + 0.72 \times T_s \tag{2-29}$$

李建国等(1999)利用中尺度气象模式(mesoscale meteorological model)MM4 输出的各网格点上的温、湿参数，采用统计回归的方法，确定了适合我国东部地区的回归公式

$$T_m = 44.05 + 0.81 \times T_s \tag{2-30}$$

2.3.3 转换系数的计算

如果大气加权平均温度取为固定值，相应的$\prod$为常数，近似取为 0.15 (Rocken et al，1995)，这是确定$\prod$的简单方法，但其计算的 GPS 可降水量精度较低。转换系数$\prod$一般是采用式(2-29)计算的大气加权平均温度模型来推算。利用本地区、相应季节的线性回归公式来计算转换系数$\prod$，精度要稍好于式(2-29)的转换系数$\prod$结果。

转换系数 $\prod$ 的计算还可以根据测站纬度和年积日来计算，计算公式如下

$$\prod^{-1}=a_0+a_1\times\theta+a_2\times\sin\left(2\pi\times\frac{t_D}{365}\right)+a_3\times\cos\left(2\pi\times\frac{t_D}{365}\right)\quad(2\text{-}31)$$

式中，θ 为测站纬度；t_D 为年积日；$a_0=5.861$，$a_1=0.011$，$a_2=0.054$，$a_3=0.138$。对于同一个测站来说测站纬度是固定的，因此转换系数 $\prod$ 是观测日期的函数。

第3章　区域GPS网准实时可降水量解算

GPS气象学应用的前提是获得准实时的GPS测站可降水量,GPS可降水量需要由对流层延迟和气象要素观测资料计算得到。如何由高精度GPS解算软件获得准实时的对流层延迟是GPS气象学首要问题。本章以武汉GPS连续参考系统为例,探讨准实时GPS可降水量的解算方案,由以下几部分组成:

(1)GPS数据处理软件简介和选择。

(2)星历和计算方式的选取。

(3)长距离GPS辅助站最佳数量的确定。

(4)观测时间、截止高度角的影响。

(5)端部效应问题。

(6)GPS湿延迟(可降水量)的可靠性研究。

§3.1　武汉GPS连续参考系统基本概况

武汉GPS连续参考系统资料用于气象用途,布网需遵循以下两个原则:

(1)从改进中尺度区域数值预报的初始场及四维同化角度出发,需要站点分布有一定范围,不宜过分集中于小区域内。

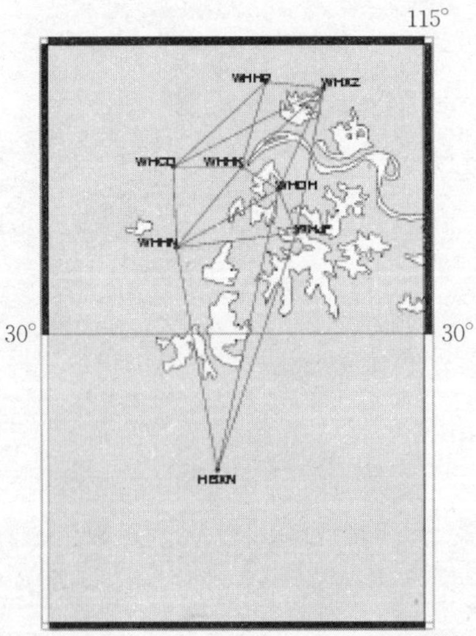

图3.1　武汉地区GPS气象网

(2)影响武汉地区强对流灾害性天气的水汽来源路径作为布站依据。根据霍顿(1981)的大气物理学理论"大气在赤道地区得到多余的净辐射,而在极地则有亏空,在大气中出现了一个把热量从低纬度向高纬度输送的环流"。

武汉GPS连续参考系统主要由八个GPS测站组成,分别为汉口、东湖、汉南、新洲、蔡甸、黄陂、九峰、咸宁(前六个站为武汉市勘察设计研究院所建,九峰站为中科院测量与地球物理研究所建,咸宁站属于湖北省气象局),前六个GPS测站于2005年7月运行,咸宁站于2005年12月正常运行。武汉GPS连续参考系统测站分布如图3.1所示。武汉GPS连续参考系统中汉口、东湖、汉南、新洲、蔡甸、黄陂、九峰测站分布在武汉市的四周，而咸宁站由于其特殊地理位置布设。咸宁位于湖北省的最南边（低纬度），属于强对流层灾害性天气的水汽的必经之地，且其位于山区向平原过渡的地段。因此设计武汉 GPS 连续参考系统用于气象用途时，选取咸宁作为其中的一个站点。

本章节研究所用为 2005 年 9～11 月数据，咸宁站当时未启用，GPS 测站基线最长为 120 580.33 m，最短为 7 719.707 m，平均基线长度为 48 100 m。GPS 测站坐标信息及基线长度如表 3.1、表 3.2 所示。

表 3.1　武汉地区 GPS 气象网测站坐标

基准站	经度/(°)	纬度/(°)
黄陂(WHHP)	114.37	30.87
新洲(WHXZ)	114.60	30.85
汉口(WHHK)	114.27	30.58
九峰(WHJF)	114.49	30.35
蔡甸(WHCD)	114.00	30.58
汉南(WHHN)	114.01	30.30
咸宁(HBXN)	114.17	29.53

表 3.2　武汉地区 GPS 气象网基线及其长度

基　线	长度/m	基　线	长度/m	基　线	长度/m
蔡甸至东湖	38 237.60	东湖至汉南	38 832.87	咸宁至九峰	46 429.84
蔡甸至汉南	29 608.08	东湖至黄陂	43 692.37	咸宁至新洲	91 371.49
蔡甸至黄陂	47 175.93	东湖至九峰	7 719.71	黄陂至九峰	42 499.80
蔡甸至九峰	44 847.11	东湖至新洲	53 279.16	黄陂至新洲	42 008.69
蔡甸至新洲	79 652.57	汉南至黄陂	69 698.36	九峰至新洲	46 458.53
咸宁至蔡甸	87 907.35	咸宁至东湖	74 063.21	咸宁至黄陂	117 140.56
咸宁至汉南	59 253.89	咸宁至新洲	120 580.33	咸宁至九峰	77 767.82
咸宁至汉口	85 112.63	—	—	—	—

§3.2　高精度 GPS 数据处理软件简介

3.2.1　国内外 GPS 数据处理软件

国际著名的高精度 GPS 数据处理软件（如 GAMIT、BERNESE、GIPSY）和国内的 SHAGAP 等都具有估算对流层天顶延迟的功能，这些软件通常用于科学研究；由 GPS 接收机生产厂家所推出的与接收机匹配的商用处理软件无估算天顶对流层延迟的功能。在 GPS 软件研制方面，国内外软件如表 3.3 和表 3.4 所示。

目前使用广泛的高精度 GPS 数据处理软件为 GAMIT、BERNESE 和

GIPSY。在此介绍该三种软件的基本特点和功能。

1. GAMIT

GAMIT 软件是由麻省理工学院与美国加利福尼亚斯克利普斯(SCRIPPS)学院海洋研究所共同研制的用于大地测量的 GPS 综合分析软件包。软件设计基于支持 X-Windows 的 Unix 系统，现在的版本适用于 Sun(OS/4，Solaris 2)、HP、IBM/RISC、DEC 和基于 Intel 工作站的 Linux 操作系统。通过正式途径得到使用许可证，该软件供研究和教育部门无偿使用。由于软件的完全的开放性，用户可以对软件的工作原理、数据处理流程及技巧有全面的了解，这也在一定程度上促进了 GAMIT 的不断更新。

GAMIT 软件处理双差观测量，采用最小二乘算法进行参数估计。采用双差观测量的优点是可以完全消除卫星钟差和接收机钟差的影响，同时也可以明显减弱诸如轨道误差、大气折射误差等系统性误差的影响。GAMIT 软件主要功能和特点如下：

(1) 卫星轨道和地球自转参数估计。

(2) 地面测站的相对定位计算。

(3) 用模型改正各种地球物理效应(极移、岁差、章动、潮汐等)。

(4) 对流层天顶延迟参数和大气水平梯度参数估计。

(5) 支持接收机天线相位中心的随卫星高度角变化(ELEV)模型改正。

(6) 可选观测值等权、反比于基线长度或随高度角定权。

(7) 同时提供载波相位整周模糊度分别为实数和整数的约束解及松弛解。

(8) 数据编辑可人工干预(CVIEW)，也可自动处理(AUTCLN)。

2. BERNESE

瑞士伯尔尼大学研制的 BERNESE 软件包由数十个独立的程序组成，各个程序通过文件被有机地结合起来。主体源程序由 FORTRAN 语言编成，适用于多种计算平台。BERNESE 为非自由软件。

BERNESE 软件功能强大，定位、定轨、估计地球自转参数，对各种有效改善定位、定轨精度的方法广泛吸纳。BERNESE 4.2 版基于 1996 年发布的 4.0 版，改进了对流层模型及随机参数估计，提供了观测值依高度角定权的选择。在双差处理模式的基础上增加了非差处理模式，进一步完善了一些工具模块。BERNESE 还具有下列独特的功能：

(1) 处理卫星的 SLR 观测数据。

(2) 处理 GLONASS 卫星数据。

(3) 估计接收机天线的相位中心偏差及变化。

3. GIPSY

GIPSY 软件是美国喷气推进实验室(Jet Propulsion Laboratory，JPL)研制的 GPS

数据处理软件。GIPSY 用 FORTRAN 与 C 语言等编写而成，目前主要有 Unix 和 Linux 版本。GIPSY 主要通过脚本程序实现程序的自动化处理，很多情况下可通过简单的窗口操作运行。GIPSY 软件是有限制的自由软件，但不包括源代码。

GIPSY 软件是基于甚长基线测量数据分析软件而开发的，在数据分析中，不取载波相位数据的双差，而是直接处理载波非差观测量。在非差处理模式中，卫星钟差和接收机钟差被视为具有白噪声性质的平稳随机过程直接估算。非差处理模式不仅使精密的单点定位成为可能，而且观测值的个数较双差多，该特点对大且测点稀疏的 GPS 网的解算具有重大意义。但采用非差观测量也存在着明显的不利之处：由于非差观测量不能像双差观测量那样消除或减弱许多共同误差源的影响，特别是星钟和站钟，从而使可靠及自动地探测粗差和周跳变得非常困难；增加了待估参数（卫星钟差和接收机钟差）。

GIPSY 采用的处理模式和参数估计方法虽然完全不同于 GAMIT，但在功能上具有可比性：

（1）用白噪声模拟时钟钟差，提供精密单点定位。

（2）多点联合处理，估计测站在全球坐标系下的位置，生成无基准解。

（3）两种轨道计算模式，固定轨道和松弛轨道。

（4）模拟改正所有已知的地球物理效应，包括极移、岁差、章动及各种潮汐。

（5）采用顾及光线弯曲和地球曲率的对流层延迟模型，将天顶延迟和大气梯度作为漫步式的随机过程加以估计。

（6）求解相位整周模糊度。

表 3.3　国外高精度 GPS 数据处理软件

GPS 软件	研制单位
GAMIT	麻省理工学院、加利福尼亚斯克利布斯学院海洋研究所
BERNESE	瑞士伯尔尼大学天文学院
OMNI	美国国家大地测量部门
EMANON	美国 Emanon 公司
GIPSY	美国喷气推进实验室
GAS	英国诺丁汉大学工程测量与空间测量研究所

表 3.4　国内 GPS 高精度解算软件

GPS 软件	研制单位
SHAGAP	中国科学院上海天文台（基于 GAMIT 研制）
SNAPS	国家地震局
SOSDS	总参测绘局
GPSADJ	国家测绘地理信息局
Power ADJ	武汉大学

各种后处理软件由于采用的对流层延迟计算模型和相应的映射函数不完全相同，算出的结果可能会有系统性差别。

Basili(2002)分别利用 GIPSY、BERNESE 软件解算 1999 年卡尔加里大学的 GPS 测站的可降水量，将其结果与水汽辐射计的可降水量进行比较，结果如表 3.5 和表 3.6 所示。

表 3.5 GIPSY 软件 GPS 可降水量与水汽辐射计可降水量的季节结果比较

时期	偏差/cm	标准差/cm	相关系数	样本数/个
冬季	0.007 5	0.111 9	0.966 8	242
春季	−0.026 3	0.114 9	0.974 8	292
夏季	−0.008 8	0.150 9	0.969 9	226
秋季	−0.085 7	0.140 9	0.981 2	297
整年	−0.048 5	0.136 0	0.986 0	1 057

表 3.6 BERNESE 软件 GPS 可降水量与水汽辐射计可降水量的季节结果比较

时期	偏差/cm	标准差/cm	相关系数	样本数/个
冬季	0.008 3	0.130 1	0.958 5	253
春季	0.003 2	0.127 8	0.966 3	320
夏季	−0.026 1	0.176 6	0.957 0	253
秋季	0.026 1	0.167 7	0.970 4	298
整年	0.003 8	0.152 4	0.979 3	1 124

目前国际上常用的高精度 GPS 解算软件中，GAMIT 与 BERNESE 采用的是双差技术，GIPSY 则采用非差技术。国内外各研究机构进行 GPS 数据处理采用的软件多为 GAMIT 或 BERNESE，由于 GAMIT 精度高且开放源代码，使用者可根据需要进行源程序的修改，得到广泛应用。本研究采用软件为 GAMIT。

3.2.2 GAMIT

GAMIT 涉及卫星星历、测站地理坐标、由甚长基线干涉测量确定的地球转动参数、摄动、章动和极移等参数，由 L1、L2 两个波段的每个站—星组合的观测值解算其理论值，将这些理论值与观测值相减得到相位差，获得二阶差分值，进行最小二乘法分析，估算卫星轨道参数、测站坐标和大气参数，在求解相位模糊度的基础上，保存宽松约束条件下每一时段解的计算值和协防差矩阵。

GAMIT 包括六大主模块，如图 3.2 所示。各模块功能如下：

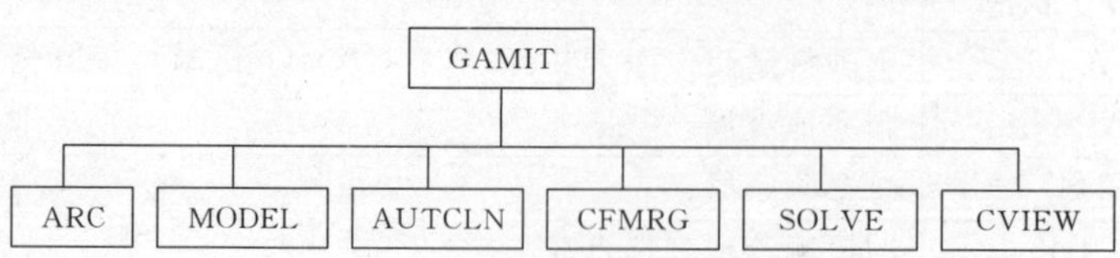

图 3.2 GAMIT 模块结构

(1)ARC——进行轨道积分。

(2)MODEL——组成观测方程。

(3)AUTCLN——自动修复周跳。

(4)CFMRG——模块定义观测值的组合方式。

(5)SOLVE——模块利用双差观测值按最小二乘法求解各参数。

(6)CVIEW——模块在可视图形下交互编辑剔除周跳。

GAMIT 软件估计的参数如下:

(1)测站坐标:可作为加权约束参数。

(2)轨道参数:参考时刻的卫星位置向量和速度向量。

(3)力学模型参数:三个太阳光压参数和六个轨道共振项参数。

(4)对流层延迟:每个时段每个测站附加一个或多个参数的分段线性过程。

(5)模糊度参数:按实数求解后再估计为整数。

(6)地球自转参数:极移分量及其变化率。

GAMIT 软件解算的结果的好坏可以由以下四个指标来衡量,分别为基线重复率、基线向量改正、均方根残差、对流层延迟误差。

(1)基线重复率。评定基线的精度通常用基线的重复性来衡量。基线分量的重复率反映了时段解(单天解)之间的符合精度,是衡量 GPS 相对定位结果的重要指标之一。

(2)均方根残差。GAMIT 解算结果中的均方根残差(normalized root mean square,NRMS),是从历元的模糊度解算中得出的残差,也是衡量 GAMIT 解算结果的一个指标。从伪距的残差来看,均方根残差小于 0.3,其值都合理和可用。

(3)基线向量改正。是表征基线向量精度的指标。

(4)对流层延迟误差。该误差可用于衡量 GPS 解算对流层延迟的精度。基线向量改正和对流层延迟误差可以在 GAMIT 解算结果中获得。

§3.3　卫星星历和计算方式的选取

3.3.1　卫星星历的选取

准实时的 GPS 可降水量序列是实现 GPS 可降水量短时灾害性天气的预报与监测的前提。精密星历(final ephemeris)的获取是需要在 13 d 后得到,能够提前得到的星历为快速预报星历(ultra-rapid ephemeris),两者的卫星轨道精度分别为优于 5 cm 和 10 cm(http://igscb.jpl.nasa.gov/components/prods.html)。为实现可降水量的准实时预报,必须采用快速预报星历计算。

国际 GNSS 服务提供的星历主要有如下几种:广播星历(broadcast

ephemeris)、快速预报星历、快速星历(rapid ephemeris)和精密星历。表 3.7 为以上四种卫星星历的轨道、钟差、采样率和更新时间的对比。

表 3.7 不同卫星星历的对比

星历类型	星历误差	精度	更新时间	采样率
广播星历	轨道误差	约 160 cm	实时	1d
	卫星钟差	约 7 ns		
快速预报星历	轨道误差	约 10 cm	实时	15 min
	卫星钟差	约 5 ns		
快速星历	轨道误差	<5 cm	17 h	15 min
	卫星钟差	约 0.1 ns		5 min
精密星历	轨道误差	<5 cm	约 13d	15 min
	卫星钟差	<0.1 ns		5 min

利用武汉 GPS 连续参考系统 2005 年第 301～321 日(年积日)的 GPS 数据，采样间隔为 30 s，观测时间为 UTC 时间 00:00～24:00，解算软件和卫星星历为 GAMIT、快速预报星历，采用松弛解模式(RELAX)解算出测站对流层延迟，逐天解算。GAMIT 处理 GPS 数据时，基线长度应长于 500 km，这样得到的各测站的对流层延迟是独立的估计值(Duan et al,1996；李征航 等,2003；宋淑丽 等,2004)。为使求解出来的对流层延迟为独立的估计值，本节将北京房山(BJFS)、上海(SHAO)、拉萨(LHAS)三个国际 GNSS 服务 GPS 站，与武汉 GPS 连续参考系统的 GPS 数据一起解算。

选取蔡甸、东湖两个 GPS 测站为研究对象，进行蔡甸、东湖的精密星历与快速预报星历的结果比较，如图 3.3、图 3.4 所示。由图可见，精密星历与快速预报星历得到的结果不仅数值相近，且趋势一致。相关性达到 99.97%，两者差值的均方根为 0.048 mm。这从精度上、时效上说明了利用快速预报星历可以实现 GPS 可

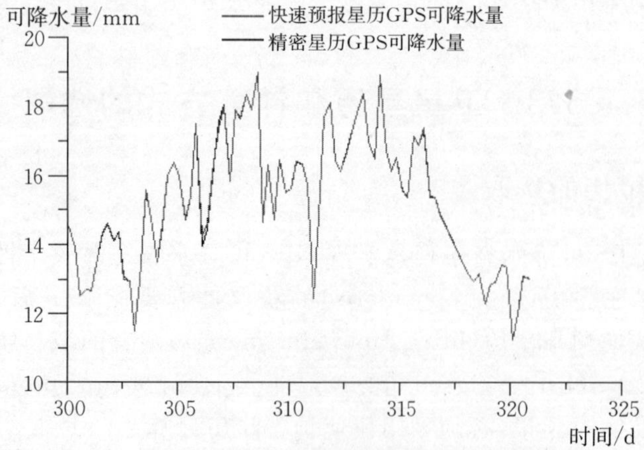

图 3.3 蔡甸精密星历与快速预报星历的结果比较

降水量的准实时预报。

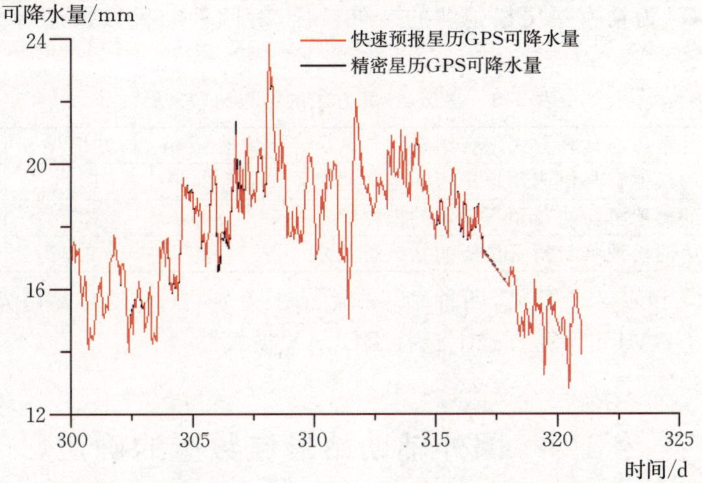

图 3.4　东胡精密星历与快速预报星历的结果比较

3.3.2　计算方式的选取

在 GPS 解算软件 GAMIT 中主要有两种数据处理方式，分别为松弛解(RELAX)和基线解(BASELINE)模式。松弛解相对于基线解来说，考虑了轨道误差。采用卫星星历与处理模式结合的方式来确定 GAMIT 的最佳计算方式，卫星星历与处理模式结合的方式有四种类型，分别为精密星历的松弛解、精密星历的基线解、快速预报星历的松弛解、快速预报星历的基线解。

试验数据采用 2005 年 300～311 日共计 12d 的 GPS 数据，图 3.5 为四种方式解算结果的比较。

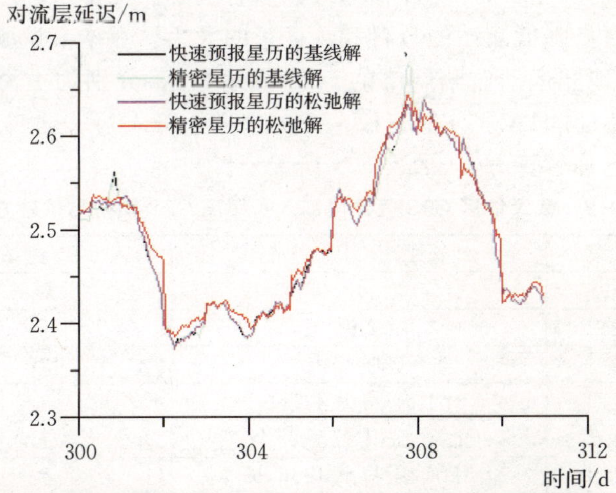

图 3.5　四种卫星星历与处理模式的结合方式的结果对比

由于精密星历的精度略高于快速预报星历，松弛解比基线解考虑的因素多一些，因此可以认为精密星历松弛解的结果最佳，对四种结果数据进行统计比较，如表 3.8 所示。

表 3.8 星历、计算方式的结果比较统计

星历与计算方式组合结果	均值/mm	均方根/mm	相关系数
精密星历的松弛解与快速预报星历的基线解之差	5.04	12.3	0.987
精密星历的松弛解与快速预报星历的松弛解之差	5.05	12.3	0.987
精密星历的松弛解与精密星历的基线解之差	4.83	9.7	0.992

由图 3.5 和表 3.8 可见，四种结果在数值上差别很小，在发展趋势上也非常一致。本书在 GAMIT 计算方式上选择 RELAX 模式。

§3.4 网外辅助站最佳数量的确定

在利用双差技术软件 GAMIT 解算区域 GPS 网每个测站的可降水量时，该技术可消除卫星钟差影响。对于较近的两个测站，由于卫星高度角接近，信号传输路径基本相同，大气延迟基本相同，对流层延迟相关性很强。在利用双差技术解算时，获得的可降水量为测站间的相对可降水量，不能准确计算出各测站绝对的可降水量值(Rocken et al,1995)。获得区域 GPS 网各测站的可降水量的绝对值的方法有两种：①加入水汽辐射计辅助求出测站可降水量；②GPS 网中有长于 500 km 的长基线以减少其相关性(Duan et al,1996)。

由于武汉地区 GPS 气象网测站间的距离仅为数十千米，为获得该网的绝对可降水量值，可加入长距离 GPS 测站。测站数量和数据量大小涉及数据处理工作的效率和网络维持的费用，选择网外辅助站数量时既要保证 GPS 可降水量的绝对性和可靠性，又要尽量降低测站的数目和数据量的大小。在本节试验研究中，采用添加同时段的中国地壳运动监测网络的 GPS 测站数据，分别为上海(SHAO)、北京房山(BJFS)、拉萨(LHAS)、广州(GUAN)、长春(CHUN)、昆明(KMIN)。在该试验中，采用了七种解算方案，如表 3.9 所示。

表 3.9 武汉地区 GPS 气象网加入长距离 GPS 辅助站试验方案

方　案	长距离 GPS 测站	引入 GPS 测站数/个
方案一		0
方案二	上海	1
方案三	上海 房山	2
方案四	上海 房山 拉萨	3
方案五	上海 房山 拉萨 广州	4
方案六	上海 房山 拉萨 广州 长春	5
方案七	上海 房山 拉萨 广州 长春 昆明	6

试验数据为 2005 年第 301～304 日武汉 GPS 连续参考系统 GPS 数据，根据表 3.9 的不同方案加入不同数量的长距离 GPS 测站观测数据，利用 GAMIT 解算出各测站的对流层延迟。比较不同方案解算的各测站对流层延迟的结果，如图 3.6 至图 3.11 所示。

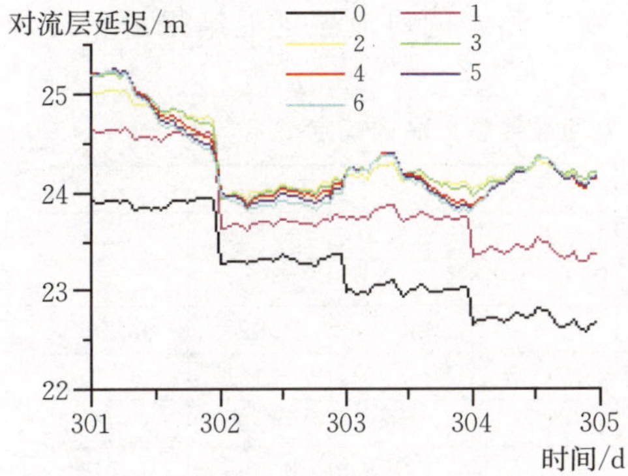

图 3.6　蔡甸测站

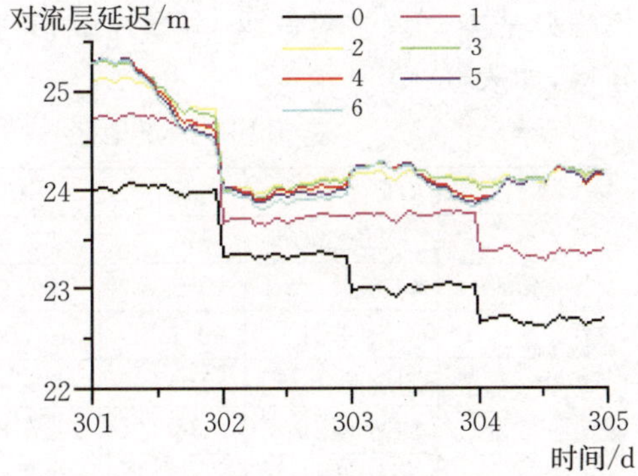

图 3.7　东湖测站

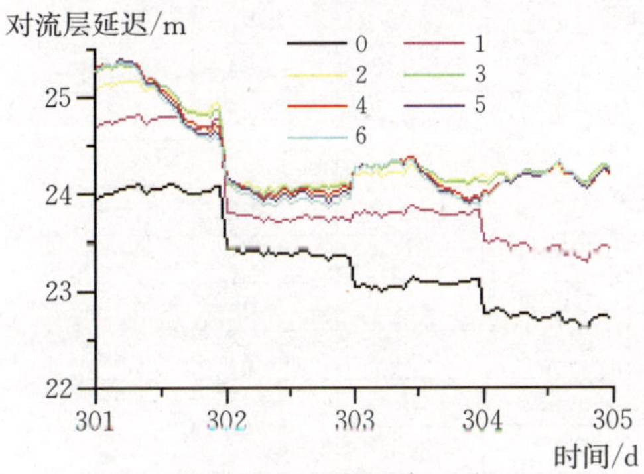

图 3.8　汉南测站

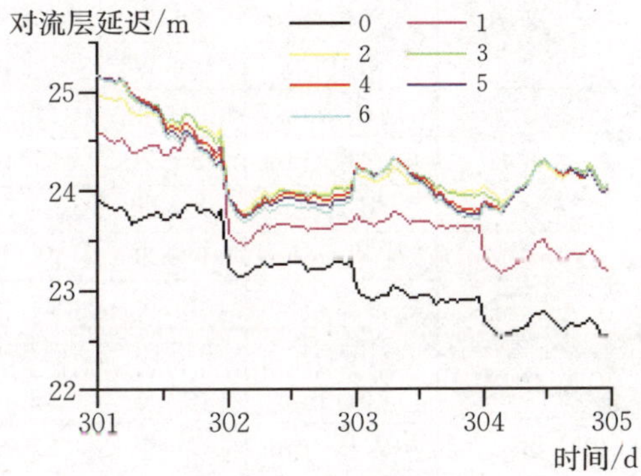

图 3.9　黄陂测站

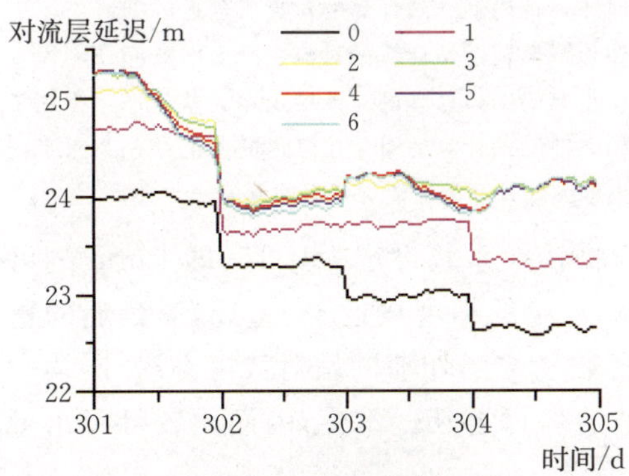

图 3.10　九峰测站

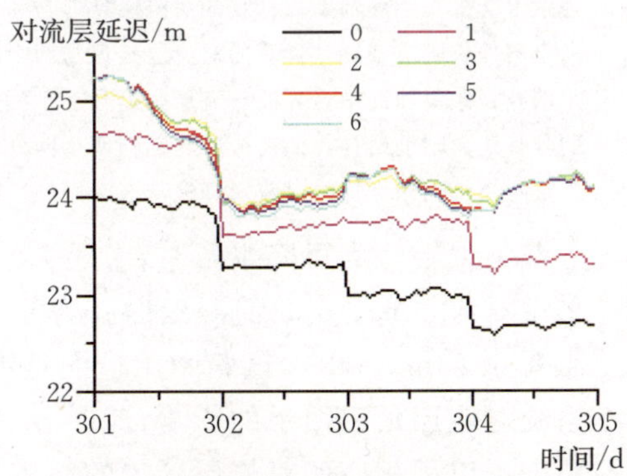

图 3.11　新洲测站

由图 3.6 至图 3.11 可见，以六个网外长距离辅助站计算的对流层延迟结果为标准，不加入长距离网外辅助站的武汉 GPS 连续参考系统的对流层延迟的计算结果与加六个网外辅助站的结果存在一个系统偏差，两者的变化趋势比较一致；当加入两个以上的网外长距离辅助站时，对流层延迟的结果非常接近，对流层延迟的变化趋势基本一致。对武汉 GPS 连续参考系统各测站的对流层延迟结果进行统计分析，如表 3.10 所示。

表 3.10　武汉地区 GPS 气象网最佳辅助站的确定

测　站	统计类型	S_{60}	S_{61}	S_{62}	S_{63}	S_{64}	S_{65}
蔡甸	均值/mm	102.2	39.1	−6.5	−8.7	−4.6	−2.2
	均方根/mm	36.5	27.9	13.2	8.2	4.9	2.2
	相关性	0.633	0.791	0.950	0.980	0.993	0.998
东湖	均值/mm	101.2	38.4	−6.3	−8.5	−4.3	−2.1
	均方根/mm	36.1	27.8	13.2	8.2	4.9	2.2
	相关性	0.713	0.836	0.958	0.983	0.994	0.998
汉南	均值/mm	101.4	38.1	−6.3	−8.6	−4.4	−2.1
	均方根/mm	36.9	27.9	13.4	8.2	4.9	2.8
	相关性	0.689	0.830	0.956	0.983	0.994	0.998
黄坡	均值/mm	101.4	39.3	−6.7	−8.7	−4.8	−2.3
	均方根/mm	35.7	27.9	12.9	8.1	4.9	2.7
	相关性	0.627	0.775	0.949	0.979	0.992	0.997
九峰	均值/mm	100.3	38.2	−6.5	−8.6	−4.5	−2.1
	均方根/mm	36.0	27.9	13.2	8.3	5.0	2.8
	相关性	0.716	0.836	0.958	0.983	0.994	0.998
新洲	均值/mm	100.6	38.9	−6.6	−8.6	−4.5	−2.2
	均方根/mm	34.9	27.6	12.8	8.1	4.9	2.7
	相关性	0.699	0.817	0.956	0.981	0.993	0.998

注：S_{60} 为六个网外长距离辅助站计算的对流层延迟与无网外长距离辅助站计算的对流层延迟的差值；S_{61} 为六个网外长距离辅助站计算的对流层延迟与一个网外长距离辅助站计算的对流层延迟的差值；S_{62} 为六个网外长距离辅助站计算的对流层延迟与两个网外长距离辅助站计算的对流层延迟的差值；S_{63} 为六个网外长距离辅助站计算的对流层延迟与三个网外长距离辅助站计算的对流层延迟的差值；S_{64} 为六个网外长距离辅助站计算的对流层延迟与四个网外长距离辅助站计算的对流层延迟的差值；S_{65} 为六个网外长距离辅助站计算的对流层延迟与五个网外长距离辅助站计算的对流层延迟的差值。

湿延迟转化为可降水量时，常用方法为将转换系数设定为 0.15，即 1 mm 的可降水量对应了 6.7 mm 的湿延迟。为使可降水量的精度接近于 1 mm，湿延迟的精度需要 6.7 mm。由于试验中比较的是不同数量的网外辅助站对武汉 GPS 连续参考系统对流层延迟结果的影响，此时各测站的静力学延迟不变，因而比较可降水量的精度可以用相应的对流层延迟的精度来表示。

由表 3.10 可见，增加一个长距离辅助站时，对流层延迟的结果得到明显改善，均值由 100 mm 下降到 38 mm，均方根降了 10 mm。当加入三个长距离辅助站时，此时 GPS 测站的对流层延迟与加入六个网外辅助站后的测站对流层延迟的均值、均方根均为 8 mm，折算成可降水量接近于 1 mm 的精度，相关性达到 98%。当加入三个网外长距离辅助站时，武汉 GPS 连续参考系统解算得到的可降水量可以达到 1 mm 的精度，满足气象应用需求。

§3.5　截止高度角、观测时间的选择

3.5.1　截止高度角的影响

截止高度角(cut off angle)关系到 GPS 信号选取问题，确定合适的高度角是 GPS 解算对流层延迟需要考虑的一个因素。GAMIT 允许对截止高度角任意设置。在 GPS 数据分析过程中，如果包含低高度角资料时，模型中水汽的微小变化将引起对流层延迟的较大变化。因此反演过程敏感性增加，同时使映射函数的不确定性增加。考虑高度角对 GPS 解算结果的影响，我们选取高度角分别为 5°、10°、15°、20°、25°、30°的六种方案，结果如表 3.11 所示。

表 3.11　不同高度角对 GPS 解算结果的影响

高度角/(°)		5	10	15	20	25	30
均方根残差		0.235 53	0.235 53	0.235 53	0.215 78	0.200 0	0.182 13
基线 蔡甸—东湖	X/mm	3.9	3.9	3.9	5.7	8.5	13.2
	Y/mm	8.1	8.1	8.1	12.1	18.5	28.8
	Z/mm	5.3	5.3	5.3	7.9	12.1	18.8
	N/mm	1.6	1.6	1.6	1.7	1.9	2.2
	E/mm	1.8	1.8	1.8	2.0	2.3	2.8
	U/mm	10.2	10.2	10.2	15.3	23.5	36.7
对流层延迟/mm		9.5	9.5	9.5	15.4	24.3	39.2

由表 3.11 可见，高度角越大，均方根残差越小。然而，高度角越大，基线向量各方向的改正值逐渐增大，对流层延迟的改正值增大。当高度角为 5°、10°、15°时，GPS 解算结果的各指标一致，高度角时若选取 5°、10°、15°结果一致。由于 GAMIT 对高度角默认为 10°，因而本文采用 GAMIT 软件时采用默认参数，高度角设为 10°。

3.5.2　观测时间的影响

GPS 观测站以采样间隔 30 s 或更短时间接收 GPS 卫星信号，以 RINEX 格式存储，数据量较大。如果采用长时间的 GPS 数据进行解算，可以很好地满足气象学可降水量的精度要求，但耗时；如果采用短时间的 GPS 数据进行解算，解算时间

短但精度不足。因此，有必要确定最佳的GPS可降水量解算时间。本文试验不同时间长度的GPS数据解算对GPS可降水量反演精度影响，从而确定最佳GPS观测时间。为便于比较，每组试验时段开始时间不同，以保证测站时间9:00的节点在时段的中间位置。不同观测时间长度对GPS可降水量反演结果的影响，如表3.12所示。

表3.12 不同观测时间长度对GPS可降水量反演结果的影响

试验	时间长度/h	历元数	对流层延迟参数	起始时间/h
试验1	6	720	7	7
试验2	9	1 080	10	5
试验3	12	1 440	13	4
试验4	15	1 800	16	2
试验5	18	2 160	19	1

为比较不同时间长度对GPS解算结果的影响，选取均方根残差、基线向量各方向改正、对流层延迟改正作为衡量指标，如表3.13至表3.15所示。

表3.13 不同时间长度对GPS解算结果的指标均方根残差的影响

时段长度/h	6	9	12	15	18
均方根残差	0.229 33	0.234 88	0.237 23	0.237 48	0.239 97

表3.14 不同时间长度对基线向量的影响

时段长度/h		6	9	12	15	18
基线 蔡甸—东湖	X/m	0.008 2	0.006 5	0.005 8	0.005 2	0.004 7
	Y/m	0.016 2	0.013 0	0.011 6	0.010 4	0.009 5
	Z/m	0.010 9	0.008 9	0.007 8	0.006 8	0.006 1
	N/m	0.003 3	0.002 6	0.002 3	0.001 9	0.001 9
	E/m	0.004 4	0.003 2	0.002 6	0.002 3	0.002 0
	U/m	0.020 5	0.016 6	0.014 7	0.013 1	0.011 9

表3.15 不同时间长度对对流层延迟结果的影响

测站	时段长度/h	6	9	12	15	18
蔡甸	对流层延迟/m	2.515 8	2.517 7	2.503 3	2.500 9	2.503 6
	精度/m	0.021 2	0.015 2	0.013 1	0.011 6	0.010 5
东湖	对流层延迟/m	2.535 1	2.538 4	2.524 3	2.522 1	2.523 7
	精度/m	0.021 1	0.015 2	0.013 1	0.011 6	0.010 5
汉南	对流层延迟/m	2.534 8	2.536 6	2.522 5	2.519 4	2.521 6
	精度/m	0.021 6	0.015 4	0.013 2	0.011 7	0.010 6
黄陂	对流层延迟/m	2.501 9	2.505 9	2.491 5	2.489 2	2.491 4
	精度/m	0.020 7	0.015 0	0.012 9	0.011 5	0.010 4
九峰	对流层延迟/m	2.533 1	2.537 1	2.523 7	2.520 1	2.522 1
	精度/m	0.021 1	0.015 1	0.013 0	0.011 6	0.010 5

续表

测站	时段长度/h	6	9	12	15	18
新洲	对流层延迟/m	2.526 1	2.527 2	2.514 0	2.512 0	2.513 2
	精度/m	0.020 5	0.014 9	0.012 9	0.011 5	0.010 4

不同时段长度对 GPS 解算结果的均方根残差、基线向量各方向改正的影响，随着观测时间的延长，均方根残差值有微小变化，残差值略增。观测时间对基线向量的影响如下：当观测时间由 6 h 增加到 9 h 和 12 h 时，各方向的改正明显提高；而观测时间由 12 h 增加到 18 h 的过程中，基线向量各方向改正的变化幅度明显放慢。因而 GPS 可降水量解算的最佳时间长度为 12 h。

GPS 时间长度在 18 h 时 GPS 解算效果最好，12 h 解算的对流层延迟、对流层延迟改正与 18 h 解算的结果相差不大。以蔡甸测站为例，对流层延迟改正折算成可降水量改正，6 h 的可降水量精度为 3.18 mm，12 h 的可降水量精度为 1.96 mm，18 h 的可降水量精度为 1.58 mm，精度相差不大，在考虑解算时间和解算精度的前提下，12 h 解算的对流层延迟最好。

通过对不同时段长度的 GPS 解算的均方根残差、基线向量改正及对流层延迟改正的比较，综合考虑解算的时间和解算精度，可以认为 GPS 解算可降水量的最合适的时段长度为 12 h。

§3.6　端部效应问题

GAMIT 处理对流层延迟采用的是分段线性拟合的随机参数估计方法，即两个节点之间的对流层延迟是随时间线性变化的，而节点的对流层延迟服从随机过程(王小亚 等，1999)。任何平滑拟合方法对实际资料处理时均产生端部效应，端部效应问题，成为区域 GPS 网气象准实时可降水量解算的一个重要问题。

以 2005 年第 300 日武汉 GPS 连续参考系统数据为例，解算了以下几组对流层延迟数据，0～12 h、0.5～12.5 h、1～13 h、1.5～13.5 h、2～14 h、2.5～14.5 h、3～15 h、3.5～15.5 h、4～16 h，共计九组数据，每组 24 个对流层延迟值，如表 3.16 所示。

表 3.16　九组对流层延迟

单位：m

0～12 h	0.5～12.5 h	1～13 h	1.5～13.5 h	2～14 h	2.5～14.5 h	3～15 h	3.5～15.5 h	4～16 h
2.516 8	2.522 7	2.525 8	2.520 3	2.523 2	2.520 3	2.522 3	2.523 5	2.523 9
2.516 2	2.523	2.525 9	2.520 6	2.522 7	2.522 7	2.521 5	2.523 1	2.522 9
2.518 9	2.524	2.524 5	2.521 8	2.520 9	2.523 2	2.523 6	2.522 9	2.522 1
2.521 5	2.524 7	2.524 1	2.521 2	2.522 4	2.522 2	2.525 3	2.523	2.523 8
2.523 1	2.524 3	2.525	2.519 6	2.522 6	2.523 7	2.524 9	2.522 7	2.525 7
2.524	2.524 6	2.524 2	2.521 1	2.521 7	2.524 7	2.524 5	2.524 5	2.525 6

续表

0~12 h	0.5~12.5 h	1~13 h	1.5~13.5 h	2~14 h	2.5~14.5 h	3~15 h	3.5~15.5 h	4~16 h
2.523 5	2.525 8	2.522 4	2.521 3	2.523 2	2.523 9	2.523 8	2.526 4	2.525 3
2.523 8	2.525 3	2.523 6	2.520 4	2.524 4	2.523 2	2.525 2	2.526 1	2.528
2.524 8	2.523 6	2.523 5	2.522	2.523 5	2.522 4	2.526 7	2.525 6	2.531 6
2.524 1	2.525 1	2.522 4	2.523 2	2.522 8	2.524	2.526 3	2.528 2	2.534 4
2.522 3	2.525	2.523 7	2.521 9	2.522	2.525 7	2.525 7	2.531 6	2.535 4
2.523 4	2.523 5	2.524 6	2.521	2.523 6	2.525 5	2.528 3	2.534 2	2.534 4
2.523 3	2.524 3	2.523 2	2.520 1	2.525 4	2.525	2.531 5	2.535	2.535 9
2.522	2.524 9	2.521 9	2.521 5	2.525 2	2.527 4	2.533 9	2.533 8	2.536 7
2.523 3	2.523 3	2.520 8	2.523 3	2.524 8	2.530 1	2.534 6	2.535	2.538
2.524 3	2.521 9	2.522 1	2.522 9	2.527 1	2.532 3	2.533 4	2.535 7	2.537 9
2.522 9	2.520 6	2.523 6	2.522 4	2.529 9	2.533 1	2.534 9	2.537	2.534 7
2.521 5	2.521 8	2.523	2.524 4	2.532 1	2.532 2	2.535 8	2.537	2.531 1
2.52	2.523	2.522 1	2.526 9	2.533	2.533 9	2.537 1	2.534 1	2.530 7
2.520 2	2.522 3	2.523 9	2.528 8	2.532 3	2.535	2.537 1	2.530 9	2.531
2.520 2	2.521 3	2.526 2	2.529 6	2.534	2.536 8	2.534 2	2.530 8	2.531 8
2.519 3	2.523	2.526	2.528 7	2.535 3	2.537 6	2.553 5	2.531 5	2.533 9
2.518 4	2.525 1	2.528 8	2.529 8	2.537 3	2.536	2.530 3	2.532 6	2.533 3
2.519 4	2.527 1	2.527 9	2.53	2.538 7	2.534 8	2.529 8	2.534 8	2.532 3

为研究 GPS 网准实时可降水量解算过程中的端部效应问题，以每组数据最后的 1 h(即最后两个值)与下一组数据的倒数第二、第三个对流层延迟值进行比较(同时段的比较)，比较结果如表 3.17 所示。

表 3.17　各组对流层延迟差值比较

单位：m

对流层延迟差值	最后一个 0.5 h	倒数第二个 0.5 h
$ZTD_{0.5}-ZTD_0$	0.005 7	0.004 6
$ZTD_1-ZTD_{0.5}$	0.001 7	0.000 9
$ZTD_{1.5}-ZTD_1$	0.001 9	−0.000 1
$ZTD_2-ZTD_{1.5}$	0.007 3	0.005 5
$ZTD_{2.5}-ZTD_2$	−0.002 7	0.000 3
$ZTD_3-ZTD_{2.5}$	0.004 5	−0.002 5
$ZTD_{3.5}-ZTD_3$	0.002 8	0.001 2
$ZTD_4-ZTD_{3.5}$	−0.001 5	0.001 3
绝对值均值	0.003 5	0.002 0

由表 3.17 可见，12 h 的平滑窗的最后 0.5 h 对流层延迟的误差达到了 0.003 5 m，而倒数第二个 0.5 h 的结果误差相对就要小得多，仅 0.002 0 m。在准实时 GPS 可降水量的解算中，为达到准实时利用和解决端部效应问题，需将最后 0.5 h 的结果删除，取倒数第二个 0.5 h 的对流层延迟数据。

§3.7　准实时 GPS 湿延迟(可降水量)的可靠性检验

3.7.1　GPS 湿延迟与水汽辐射计的对比

1. 水汽辐射计

利用对流层改正模型进行改正的优点是简便易行，但由于水汽在空间分布不均，不同时间、不同地点的水汽含量相差甚远，特别测站周围的地形、地貌、植被有较大差异和气候变化时尤为明显。水汽在空间的实际分布情况难以用统一模型描述，因而对流层改正中心的湿分量的精度就较低，成为高精度相对定位中的主要误差源。

水汽辐射计是通过实际测定卫星信号传播路径上水汽对信号传播的影响。水汽辐射计一般至少使用两个频率，一个在 22.235 GHz 的水汽吸收线附近，另一个为 31.4 GHz，对凝结的液态水很敏感，精度可优于 1 cm，能实时测定大气层中的水汽含量和电磁波传播延迟，表 3.18 为水汽辐射计的具体记录格式，其采样间隔接近于 1 min。

表 3.18　水汽辐射计观测数据记录格式

MO DY YR	HR MN SC	ID	AZact	Elact	Tb23	Tb31	Vdly/cm	zVDly/cm	Liq/cm	zLDly/cm
05/25/02	00:00:16	25	355.4	162.9	63.95	42.35	23.17	6.81	0.0200	0.0085
05/25/02	00:01:37	18	98.4	17.6	63.21	41.96	22.80	6.88	0.0200	0.0087
05/25/02	00:02:28	21	94.2	54.0	24.83	17.43	7.45	6.03	0.0066	0.0077
05/25/02	00:03:33	9	42.1	19.4	58.78	41.23	20.06	6.65	0.0229	0.0110

表 3.18 中，MO、DY、YR 分别为月、日、年；HR、MN、SC 分别为时、分、秒；ID 为观测的卫星号；Azact、Elact 分别为卫星的方位角和高度角；Tb23、Tb31 分别为水汽辐射计两个频段的温度，℃；Vdly 为电磁波传播方向的湿大气延迟，cm；zVDly 为天顶方向的湿大气延迟，cm；Liq 为空气中的可降水量，尤其在水汽辐射计窗口附近的可降水量，cm；zLDly 为天顶方向的可降水量，cm。

水汽辐射计的观测数据的关键量为 Vdly 和 zVDly，这两个量用于改正 GPS 测量中对流层的延迟误差，Liq 和 zLDly 用于检测观测数据的质量好坏，当 Liq 大于 0.3 cm 时，说明该地区在观测时刻有可能正在下雨，甚至大雨，当 Liq 等于 0 时，说明该水汽辐射计根本没有进行观测，观测数据均可被剔除。

2. GPS 网与基线选择

本书采用国外水汽辐射计数据进行研究，水汽辐射计数据来源于加拿大卡尔加里大学，实验数据为 2002 年 5 月 25～26 日的水汽辐射计数据。

卡尔加里大学水汽辐射计站并址设有 GPS 站，站名为 UOFC。在用 GAMIT 处理 GPS 数据时，基线长度应长于 500 km，这样得到的对流层延迟是绝对估计值；否则有偏差，这个偏差对于整个 GPS 网而言是常数(时间函数，与空间无关)，从而只能得到对流层延迟的精确相对估计。基于此，选择 GPS 网的测站时，选取国际 GNSS 服务（International GNSS Service，IGS）的 AHID（美国）、ALBH（加拿大）、AZCN（美国）、DRAO（加拿大）站点，与卡尔加里大学 UOFC 站组成 GPS 网，如图 3.12 所示，横轴为东经，(°)。GPS 网各基线长度如表 3.19 所示。

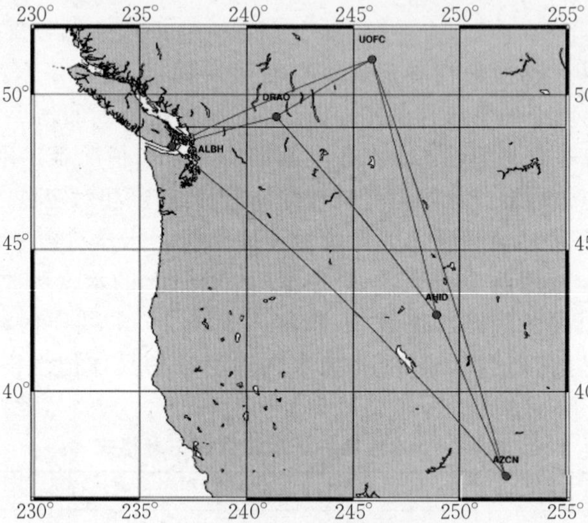

图 3.12　GPS 网布局图

表 3.19　GPS 基线及其长度

基　线	长度/m	基　线	长度/m
AHID－ALBH	1 149 644.771 9	AHID－AZCN	711 658.213 1
AHID－DRAO	982 366.65 20	AHID－UOFC	951 648.709 0
ALBH－AZCN	1 798 490.060 5	ALBH－DRAO	301 768.329 6
ALBH－UOFC	736 713.340 2	AZCN－DRAO	1 674 308.835 3
AZCN－UOFC	1 653 325.827 4	DRAO－UOFC	437 934.547 7

将 GPS 反演结果与水汽辐射计数据进行比对，采用与水汽辐射计数据同期的 GPS 观测数据。获取 UOFC 站 2002 年 5 月 25～26 日 GPS 观测数据，AHID、ALBH、AZCN、DRAO 数据可以从 IGS 网站（ftp://garner.ucsd.edu）下载。选取 2002 年 5 月 25～26 日（年积日为 145、146）GPS 数据，GPS 数据的采样间隔为 30 s，每天的观测时间为 UTC 时间 00:00～24:00，数据解算采用 GAMIT，GPS 星历分别采用快速预报星历和精密星历。对 GAMIT 解算结果提取 UOFC 站的对流层延迟，以便进行 GPS 反演结果与水汽辐射计数据的比对。

3. 水汽辐射计数据与 GPS 湿延迟结果的比对

GPS 反演的湿延迟为对流层延迟与静力学延迟的差值。对第 145 日、146 日的 GPS 湿延迟与水汽辐射计数据的湿延迟进行比对（见图 3.13）。

由图 3.13 可见，UOFC 站在 145 天的 00:00～05:00 这段时间内，水汽辐射计的天顶湿延迟抖动比较剧烈，最大达 27 cm，明显存在一定差异，估计为水汽辐射计仪器的原因引起。两种星历解算的 GPS 湿延迟与水汽辐射计湿延迟随时间的演变趋势大致相同，数值相差不大，差值图如图 3.14 所示，差值的均值、均方根统计如表 3.20 所示。

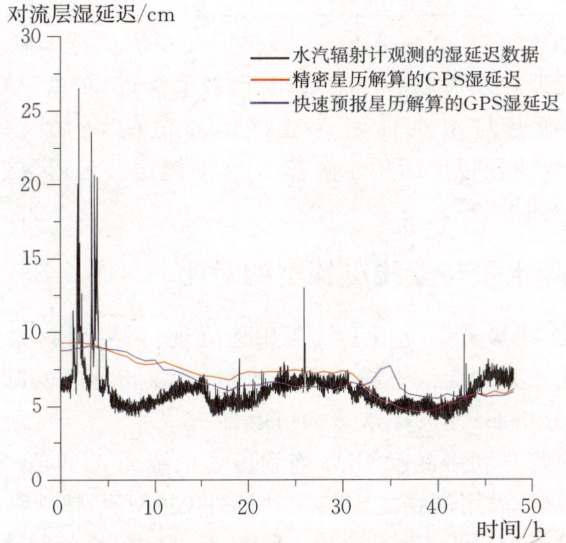

图 3.13　水汽辐射计湿延迟与精密星历、快速预报星历计算的湿延迟比较

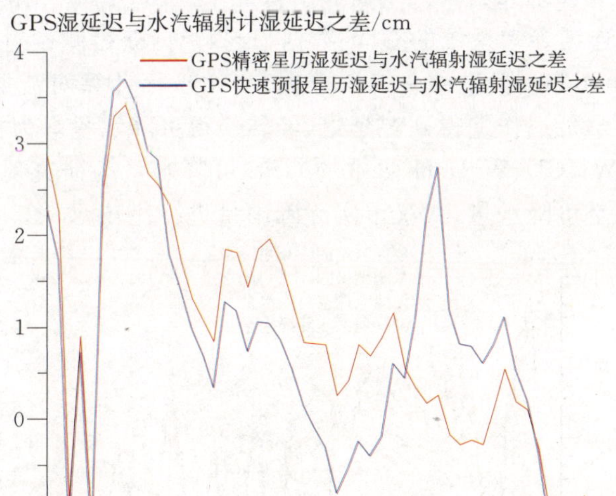

图 3.14　GPS 湿延迟与水汽辐射计湿延迟差值结果的比较

表 3.20 精密星历、快速预报星历 GPS 湿延迟与 WVR 湿延迟差值统计

统计类型	精密星历湿延迟与水汽辐射计湿延迟之差	快速预报星历湿延迟与水汽辐射计湿延迟之差
平均偏差/cm	0.89	0.77
均方根误差/cm	1.51	1.52

综合图 3.13、图 3.14 和表 3.20，水汽辐射计观测数据与快速预报、精密星历解算的对流层湿延迟在发展趋势上大致相近，数值接近，精密星历与快速预报星历反演的对流层湿延迟与水汽辐射计数据的差值的均方根分别为 1.51 cm，1.52 cm。这说明快速预报星历用于解算 GPS 对流层湿延迟接近精密星历解算的结果精度，可用于实时解算。

3.7.2 GPS 可降水量与无线电探空的对比

在武汉 GPS 连续参考系统用于气象用途之前，需要对该系统 GPS 可降水量的可靠性进行检验。采用无线电探空可降水量、武汉市逐时实际降雨量与 GPS 可降水量进行比较，分析 GPS 可降水量的可靠性。

对流层延迟的解算利用武汉 GPS 连续参考系统 2005 年第 244～326 日（年积日）的 GPS 测站数据，采用高精度定位定轨软件 GAMIT 和精密星历、采用松弛解模式解算出测站对流层延迟，逐天解算。GPS 数据的采样间隔为 30 s，每日观测时间为 UTC 时间 00:00～24:00。本研究引入北京房山、上海、拉萨三个长距离辅助站，与武汉 GPS 连续参考系统的 GPS 数据一起解算，获得测站对流层延迟。

利用 Saastamoinen 模型结合气压数据、测站坐标计算对流层静力学延迟，对流层延迟与静力学延迟作差得到湿延迟，经转换得可降水量。为检验 GPS 可降水量的可靠性，以 WHCD、WHDH 两站的 GPS 可降水量为研究对象，将 GPS 可降水量与无线电探空可降水量、武汉市实际降雨量进行比较，如图 3.15 所示。

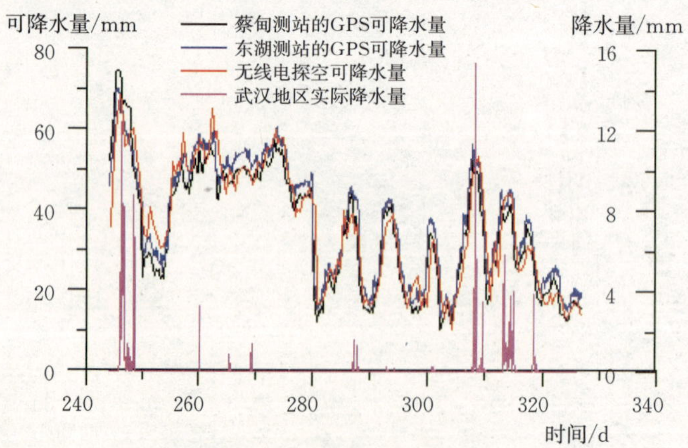

图 3.15 GPS 可降水量与无线电探空可降水量、实际降水量的比较

由图 3.15 可见，每次降水过程都伴随 GPS 可降水量和无线电探空可降水量曲线达一个峰值，证明 GPS 可降水量的变化可为实际降水的预报提供参考。

GPS 可降水量与无线电探空的比较中发现，两者在数值上非常接近，趋势也一致。计算两者间的均值、均方根和相关系数，结果如表 3.21 所示。

表 3.21　GPS 可降水量与无线电探空的比较

统计类型	东湖测站	蔡甸测站
均值/mm	1.7	−1.4
均方根/mm	4.64	5.37
相关系数	0.95	0.94

在东湖测站 GPS 可降水量与无线电探空可降水量的比较中，两者差值的均值为 1.7 mm，均方根为 4.6 mm，相关系数达到 0.95，这说明 GPS 可降水量与无线电探空可降水量基本吻合，证实武汉 GPS 连续参考系统 GPS 可降水量的可用性。

第4章　区域GPS网气象应用研究

利用GPS观测资料获得的可降水量，可以监测区域水汽分布、季节转换等，还可以与实际降水资料比较，研究两者之间的对应关系。本章为区域GPS网气象应用研究，涵盖以下部分：

(1)区域水汽分布研究。

(2)武汉地区入秋季节的转换监测。

(3)武汉地区大气加权平均温度的模型研究。

(4)无气象要素的对流层延迟可降水量模型。

(5)无网外辅助站的GPS网对流层延迟推算。

(6)GPS可降水量与降水对比分析。

(7)GPS可降水量的时空分布特征。

§4.1　武汉水汽分布

武汉的水汽分布可利用GPS观测资料来确定，由于汉南、汉口没有气压数据，因此在武汉地区水汽分布的研究中没有考虑这两个站点，主要围绕蔡甸、东湖、黄陂、九峰和新洲来进行。采用的GPS数据为2005年第244～306日(9～10月)，东湖和九峰GPS测站采用的气压数据为每1 h一次，而另三站的气压数据为每6 h一次。

武汉地区GPS气象网各测站的GPS可降水量比较如图4.1所示。由图4.1可见，东湖和九峰的可降水量要高于另外三个测站的可降水量，2005年244～306日可降水量均值统计结果如表4.1所示，以比较武汉GPS连续参考系统五个测站的可降水量的差别。可见武汉地区可降水量从高到低依次为：东湖、九峰、蔡甸、新洲、黄陂，这说明利用GPS网可以进行区域水汽分布研究。

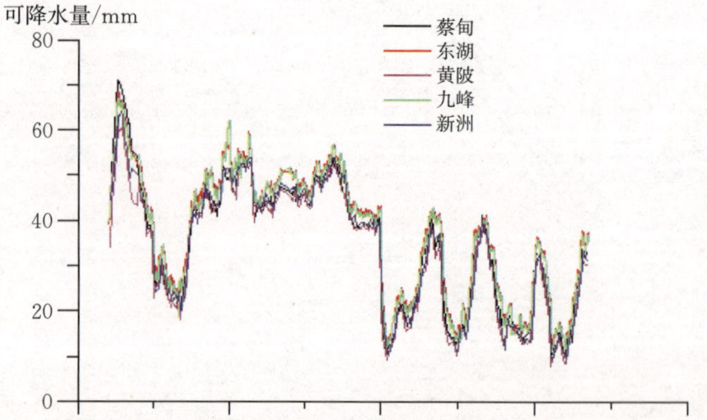

图4.1　武汉地区GPS气象网测站可降水量比较

表 4.1　武汉地区 GPS 气象网测站可降水量比较

测站	年积日			
	244～258 日/mm	259～273 日/mm	274～288 日/mm	289～306 日/mm
蔡甸	41.99	47.45	30.83	22.22
东湖	43.08	50.68	34.67	24.43
黄陂	38.38	46.83	29.43	20.37
九峰	42.40	50.32	33.52	23.86
新洲	40.41	47.42	30.85	20.92

§4.2　武汉地区入秋季节的转换监测

利用连续运行的武汉地区 GPS 气象网的 GPS 观测资料对武汉地区 2005 年的入秋季节转换进行了监测，每 1 h 给出一组武汉地区 GPS 网测站上空可降水量的变化值，GPS 可降水量序列可以反映武汉地区入秋季节变换的详细过程。提取 2005 年 255～274 日武汉地区 GPS 气象网各测站的可降水量值，绘制可降水量序列图，如图 4.2 所示。

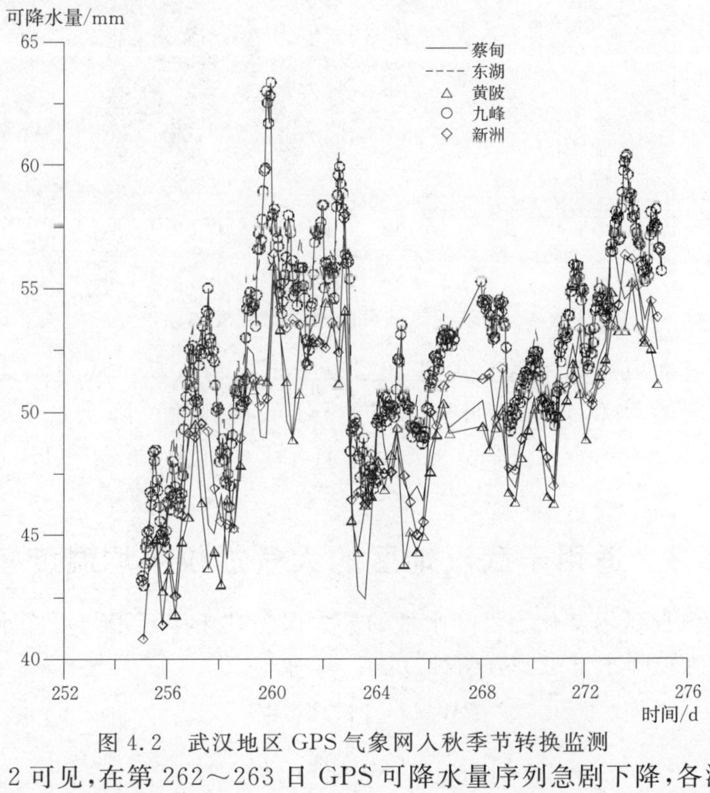

图 4.2　武汉地区 GPS 气象网入秋季节转换监测

由图 4.2 可见，在第 262～263 日 GPS 可降水量序列急剧下降，各测站可降水量值在这一天内至少下降 10 mm，可降水量值在入秋前后有明显季节差异。为更好地说明入秋季节变化，选取东湖测站进行分析，将东湖测站可降水量序列与温度变化进行比较，如图 4.3 所示。

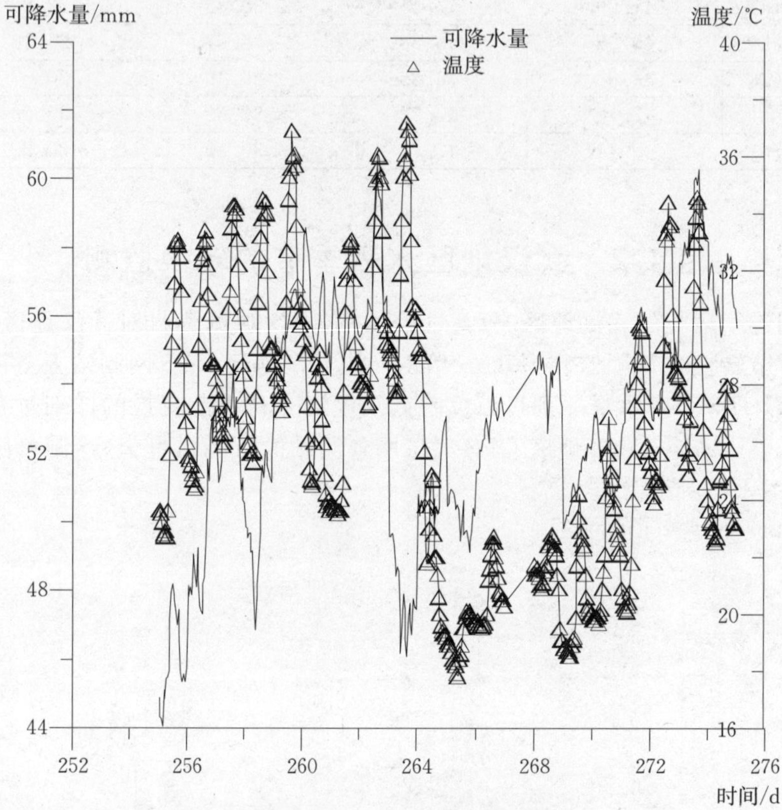

图 4.3　东湖测站可降水量与温度的比较

气象上通常用平均气温下降到 22℃以下定义为入秋。从图 4.3 可以看出，GPS 可降水量在入秋前后有明显季节差异，东湖测站可降水量平均值入秋前 60 mm，入秋后 46 mm，入秋季节为第 262 日 14:00 开始，263 日 11:00 结束。

§4.3　适用于武汉地区的大气加权平均温度模型

GPS 对流层延迟转化为可降水量的最大误差在于湿延迟与可降水量转化，而湿延迟转化为可降水量主要有两种方法：

(1)
$$PWV = \prod \times ZWD \tag{4-1}$$

$$\prod = 10^{-6}(k'_3 \boldsymbol{T}_m^{-1} + k'_2)R_v \tag{4-2}$$

式(4-1)中，$\prod$ 为对流层湿延迟与可降水量的转换系数，式(4-2)中 k_3、k'_2、R_v 均为常数，关键就是确定大气加权平均温度 T_m。

(2)另外一种通用方法就是将转换系数取为一常数，为 0.15，该方法得到的可降水量精度要稍差一些。

大气加权平均温度 T_m 的计算主要有两种模型：

(1)Bevis 模型。Bevis(1992)利用探空仪数据推出的适合于北纬(27°～65°)地区的线性回归公式，公式如下

$$T_m = 70.2 + 0.72T_s \tag{4-3}$$

(2)李建国模型。李建国(1999)利用中尺度气象模式 MM4 输出的各网格点上的温、湿参数，用统计回归的方法，确定了适合我国东部地区的大气加权平均温度回归模型，模型表达如下

$$T_m = 44.05 + 0.81T_s \tag{4-4}$$

利用武汉连续参考系统的 GPS 数据结合气象数据，将 Bevis 模型、李建国模型和通用转换系数这三种方法的 GPS 可降水量与无线电探空结果进行比较，如图 4.4 所示。三种方法的可降水量与无线电探空结果的比较如表 4.2 所示。

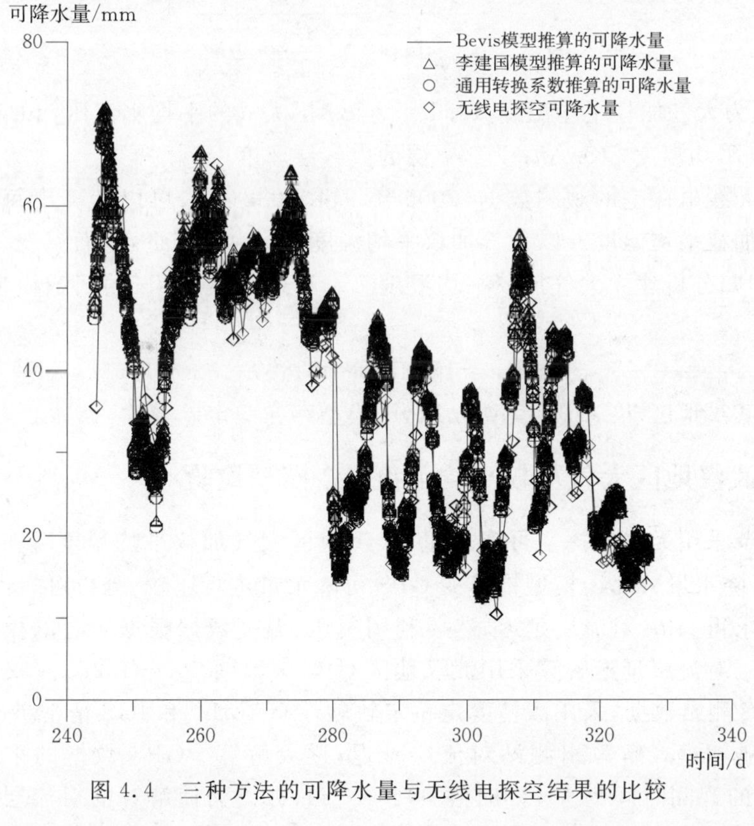

图 4.4　三种方法的可降水量与无线电探空结果的比较

表 4.2 可降水量与无线电探空结果的比较

可降水量差值	均方根/mm	相关系数
Bevis 模型推算的可降水量与无线电探空可降水量之差	4.71	0.951
李建国模型推算的可降水量与无线电探空可降水量之差	4.70	0.951
通用转换系数推算的可降水量与无线电探空可降水量之差	4.74	0.948

由 Bevis 模型和李建国模型推导的 GPS 可降水量与无线电探空的可降水量比较可知，两者得到的 GPS 可降水量精度基本相同，而采用通用转换模型得到的可降水量精度略差。

4.3.1 武汉地区大气加权平均温度 T_m 模型推算

本小节采用武汉无线电探空数据推算武汉地区的大气加权平均温度 T_m 计算模型，以此模型计算 GPS 可降水量，通过与无线电探空结果比较来检验该模型的可靠性。

通过探空资料推算大气加权平均温度 T_m 的公式如下

$$T_m = \frac{\int \frac{P_v}{T} \mathrm{d}z}{\int \frac{P_v}{T^2} \mathrm{d}z} = \frac{\sum \frac{P_{vi}}{T_i} \cdot \Delta h_i}{\sum \frac{P_{vi}}{T_i^2} \cdot \Delta h_i} \tag{4-5}$$

式中，T_m 为大气加权平均温度，K；P_{vi} 为第 i 层大气的平均水汽压，hPa；T_i 为第 i 层的大气平均温度，K；Δh_i 为第 i 层的大气层厚度，m。

根据无线电探空的观测数据（2005 年 244～282 日），可以计算出每次观测时间的大气加权平均温度。以大气加权平均温度 T_m 为应变量，地面温度 T_s 为自变量，通过回归分析建立大气加权平均温度 T_m 与地面温度 T_s 的回归模型，回归模型如下

$$T_m = 170.76 + 0.382 T_s \tag{4-6}$$

可见武汉地区 T_m 回归模型与 Bevis 模型存在一定差异。

4.3.2 武汉地区大气加权平均温度 T_m 模型检验

本小节采用无线电探空可降水量、武汉地区大气加权平均温度 T_m 模型解算的 GPS 可降水量、Bevis 模型推算的 GPS 可降水量进行比较，分析可靠性。

首先求得 GPS 对流层延迟，然后利用气压、温度数据根据一定的模型转换为可降水量。对流层延迟解算采用武汉地区 GPS 气象网 2005 年 283～326 日（年积日）的 GPS 测站数据，采用高精度定位定轨软件 GAMIT 和 IGS 精密星历、计算方式采用松弛解模式解算出测站对流层延迟，逐天解算。GPS 数据的采样间隔为 30 s，每天的观测时间为 UTC 时间 00：00～24：00。为使解算的对流层延迟为独

立估计值，添加北京房山、上海、拉萨三个网外辅助站，与武汉连续参考系统的 GPS 数据一同解算。

GPS 数据处理完成后，对流层延迟可从解算结果中提取，利用 Saastamoinen 模型结合气压数据、测站坐标推算出对流层静力学延迟，对流层延迟与静力学延迟作差得湿延迟，经转换得可降水量。为检验 GPS 可降水量的可靠性，选取东湖站的 GPS 可降水量作为研究对象，将 GPS 可降水量（武汉地区大气加权平均温度 T_m 模型解算的 GPS 可降水量、Bevis 模型推算的 GPS 可降水量）与无线电探空可降水量进行比较，比较如图 4.5 所示。

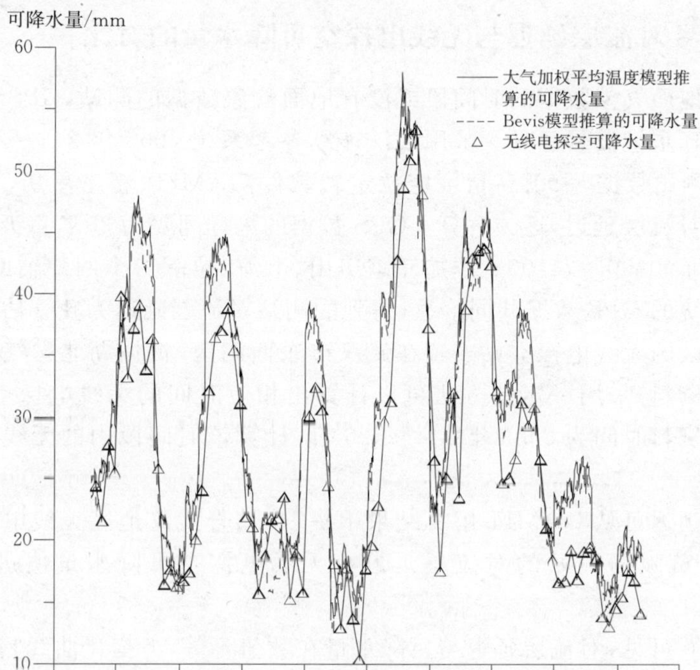

图 4.5　GPS 可降水量与无线电探空可降水量的比较

在 GPS 可降水量与无线电探空的比较中，发现两者数值接近，在发展趋势上也一致。计算两者偏差的均值、均方根和相关系数，结果如表 4.3 所示。

表 4.3　GPS 可降水量与无线电探空可降水量的比较

统计类型	武汉大气加权平均温度模型推算的可降水量与无线电探空可降水量之差	Bevis 模型推算的可降水量与无线电探空可降水量之差
均值/mm	4.23	2.77
均方根/mm	3.9	4.07
相关系数	0.933	0.927

在东湖测站 GPS 可降水量与无线电探空的比较中,GPS 可降水量与无线电探空可降水量在数值上和发展趋势上比较接近,证明武汉地区 GPS 气象网 GPS 可降水量的可靠性,以及武汉地区大气加权平均温度模型的可用性。武汉地区大气加权平均温度模型虽然与 Bevis 模型存在一定差异,但在与无线电探空结果的比较中,两者精度基本相同。

§4.4 无气象要素的对流层延迟可降水量转换模型

4.4.1 GPS 对流层延迟与无线电探空可降水量的对比

在缺少地面气象数据的时间段或没有地面气象数据的测站,GPS 对流层延迟直接推算可降水量极具意义。采用武汉连续参考系统 2005 年 244～326 日(年积日)的 GPS 测站数据,采用高精度定位定轨软件 GAMIT、精密星历、松弛解模式解算出测站对流层延迟,逐天解算。GPS 数据的采样间隔为 30 s,每天的观测时间为 UTC 时间 00:00～24:00。添加北京房山、上海、拉萨三个网外辅助站,与武汉连续参考系统的 GPS 数据共同解算,得到的测站对流层延迟为独立估计值。

武汉地区的无线电探空站安置在武汉市东西湖区,根据湖北省气象局提供的无线电探空资料,采用一定的方法可以计算出相应时间的无线电探空可降水量。无线电探空资料时间为 2005 年 244～326 日,计算该时间段内的无线电探空可降水量。

对流层延迟可从 GAMIT 解算结果中提取,结合武汉地区无线电探空可降水量,对东湖、黄陂两测站的对流层延迟和无线电探空可降水量值进行比较,如图 4.6 所示。

从图 4.6 可见,对流层延迟与可降水量在数值不等,但变化曲线具有较高一致性,对流层延迟的变化较好地反映可降水量变化。根据 GPS 测站的对流层延迟变化和无线电探空的可降水量变化,计算两者之间的相关系数。分别将无线电探空可降水量与东湖、黄陂两个测站的对流层延迟进行比较,相关系数如表 4.4 所示。

表 4.4 无线电探空可降水量与 GPS 测站对流层延迟的相关性比较

测 站	相关系数
东湖	0.933 4
黄陂	0.926 8

对流层延迟与可降水量具有很好的相关性,在缺少地面气象数据的时间段或没有地面气象数据的测站上,利用 GPS 对流层延迟直接推算可降水量可为气象应用短期预报提供参考。

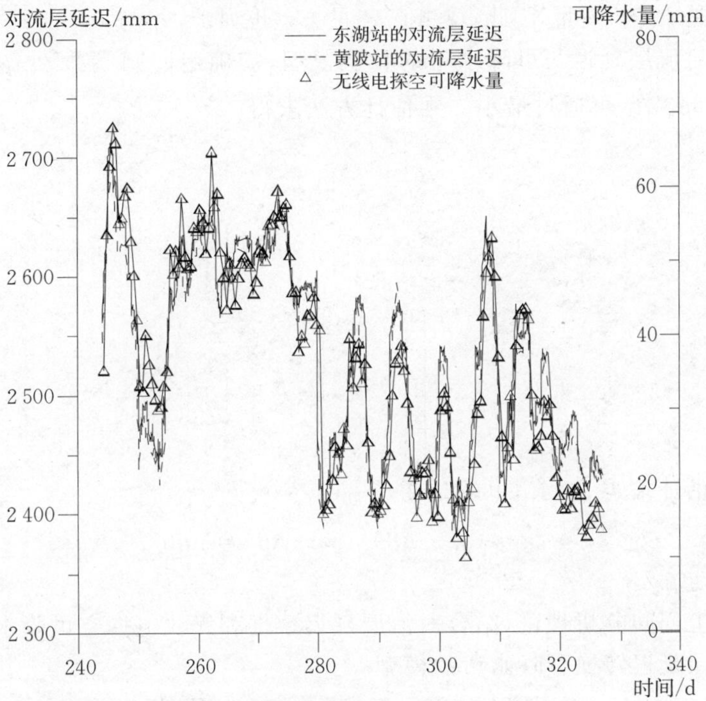

图 4.6　对流层延迟与可降水量的比较

4.4.2　对流层延迟直接推算可降水量

由于无线电探空资料时间为 2005 年 244～326 日，为检验对流层延迟与可降水量的转换模型转换的可降水量的可靠性，需要用无线电探空可降水量与其比较。无线电探空数据的使用安排如下：244～284 日的无线电探空数据用于构建对流层延迟与可降水量的转换模型；285～326 日的无线电探空资料用于对流层延迟与可降水量的转换模型的可靠性检验。

由于对流层延迟曲线与无线电探空的可降水量曲线之间具有很好的相关性（相关性超过 0.90），因而可以对 GPS 对流层延迟与无线电探空可降水量进行回归分析。由于只包含一个自变量的回归方程，因而假定回归方程如下

$$y=\beta_0+\beta_1 x \tag{4-7}$$

式中，y 代表无线电探空的可降水量；x 代表 GPS 对流层延迟；β_0，β_1 为未知的回归参数。

设在自变量 x 分别取值为 $x_1,x_2,\cdots,x_n$ 时，对 y 有观测值 $y_1,y_2,\cdots,y_n$，相应的随机误差为 $\varepsilon_1,\varepsilon_2,\cdots,\varepsilon_n$，则 x_i，y_i 和 ε_i 之间有一元线性回归模型

$$y_i=\beta_0+\beta_1 x_i+\varepsilon_i \tag{4-8}$$

通常对 ε_i 作假定：ε_i 服从正态分布，其数学期望为 $E(\varepsilon_i)=0$，方差为 δ^2，且 ε_i 与 ε_j 之间的协方差为 0（即相互独立）。

假定 x 是非随机变量，因此，观测值 y_i 的方差也为 δ^2，y_i 与 $y_j(i\neq j)$ 也相互独立。

为获取对流层延迟与可降水量的转换模型，需确定回归参数 β_0，β_1 的最佳估计值 $\hat{\beta}_0$，$\hat{\beta}_1$。$\hat{\beta}_0$，$\hat{\beta}_1$ 可通过最小二乘估计方法求得。

令

$$\boldsymbol{y}=[y_1 \quad y_2 \quad \cdots \quad y_n]^{\mathrm{T}},$$

$$\boldsymbol{\varepsilon}=[\varepsilon_1 \quad \varepsilon_2 \quad \cdots \quad \varepsilon_n]^{\mathrm{T}},$$

$$\boldsymbol{x}=[x_1 \quad x_2 \quad \cdots \quad x_n]^{\mathrm{T}},$$

$$\boldsymbol{A}=\begin{bmatrix}1 & x_1\\ 1 & x_2\\ \vdots & \vdots\\ 1 & x_n\end{bmatrix},\ \boldsymbol{\beta}=\begin{bmatrix}\beta_0\\ \beta_1\end{bmatrix}$$

依最小二乘估计求定 β_0，β_1，也就是在

$$\hat{\boldsymbol{\varepsilon}}^{\mathrm{T}}\hat{\boldsymbol{\varepsilon}}=(\boldsymbol{y}-\boldsymbol{A}\hat{\boldsymbol{\beta}})^{\mathrm{T}}(\boldsymbol{y}-\boldsymbol{A}\hat{\boldsymbol{\beta}})=\min$$

的要求下求定 $\hat{\beta}_0$，$\hat{\beta}_1$。

根据以上回归分析理论，结合对流层延迟数据和无线电探空可降水量，可得东湖站的对流层延迟转换可降水量的模型

$$PWV=-333.055+0.147\times ZTD \tag{4-9}$$

式中，PWV 为可降水量，mm；ZTD 为对流层延迟，mm。

为检验对流层延迟转换可降水量的模型可靠性，利用对流层延迟模型直接推算的可降水量和无线电探空可降水量进行比较。

采用武汉连续参考系统2005年的285～326日的对流层延迟结果，采用对流层延迟与可降水量的转换模型，求出相应的可降水量值，与无线电探空可降水量进行比较，分析对流层延迟转换可降水量的模型的准确度，如图4.7所示。

从图4.7可见，两种曲线的变化趋势一致。将前文Bevis模型推算的可降水量与这两者进行比较，其均值、绝对值均值、均方根、相关系数如表4.5所示。

表4.5　对流层延迟推算的可降水量、GPS可降水量与无线电探空的比较

可降水量	样本数/个	均值/mm	绝对值均值/mm	均方根/mm	相关系数
$B-A$	82	3.05	4.13	3.97	0.931
$C-A$	82	6.49	6.94	4.45	0.905
$C-B$	82	3.44	3.50	2.23	0.988

注：A 为无线电探空可降水量；B 为Bevis模型推算的可降水量；C 为对流层延迟转换可降水量模型推算的可降水量。

由于东湖站不与无线电探空站同址，东湖站的对流层延迟推算的可降水量与无线电探空可降水量的均方根为4.45 mm，相关系数达到90%；GPS可降水量与无线电探空可降水量的均方根为3.97 mm，相关系数0.931。对流层延迟转换可

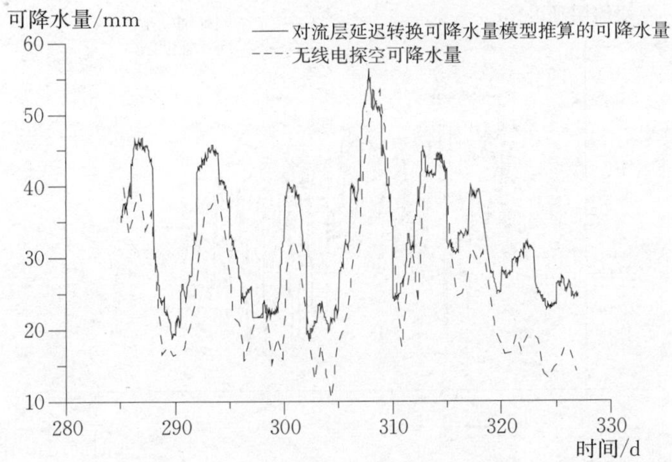

图 4.7　对流层延迟转换的可降水量与无线电探空可降水量的比较

降水量模型推算的可降水量、Bevis 模型推算的可降水量与无线电探空可降水量均方根接近或略大于 4 mm，主要原因为 GPS 测站与无线电探空站不在一处，存在偏差。对流层延迟推算的可降水量与 GPS 可降水量的均方根为 2.23 mm，相关性达到 0.988，说明对流层延迟可直接进行可降水量的推算。

由前可得，对流层延迟与可降水量具有很好的相关性，在缺少地面气象数据的时间段或没有地面气象数据的测站上，可利用 GPS 对流层延迟直接推算可降水量，这对于气象学短期预报可以提供参考。

§4.5　无网外辅助站的 GPS 网对流层延迟的推算

在长距离 GPS 辅助站最佳数量的确定中，不加长距离辅助站的各测站对流层延迟与加入六个长距离辅助站的结果的差值的均方根约为 36 mm，折算成可降水量为 5.4 mm，而两者的相关性超过了 60%，说明两者存在较大系统偏差。

本节探讨不加长距离网外辅助站的武汉连续参考系统 GPS 对流层延迟计算，先对武汉连续参考系统 2005 年 221～326 日东湖站无网外辅助站的对流层延迟与三个网外辅助站的结果进行比较，见图 4.8 所示。

图 4.8 中，以三个网外长距离辅助站为标准，不加入长距离网外辅助站的武汉连续参考系统对流层延迟的计算结果与加三个网外辅助站的结果存在系统偏差，两者变化趋势比较一致。经过计算，两曲线之间的差值的均值为 10.13 cm，均方根为 4.86 cm，相关性达 0.859。由于同一测站的气象要素一致，静力学延迟相同，湿延迟即为对流层延迟与静力学延迟差值，按照 0.15 的转换关系转换为可降水量，可以发现两条曲线之间的可降水量的差值的均值为 11.9 mm，均方根为

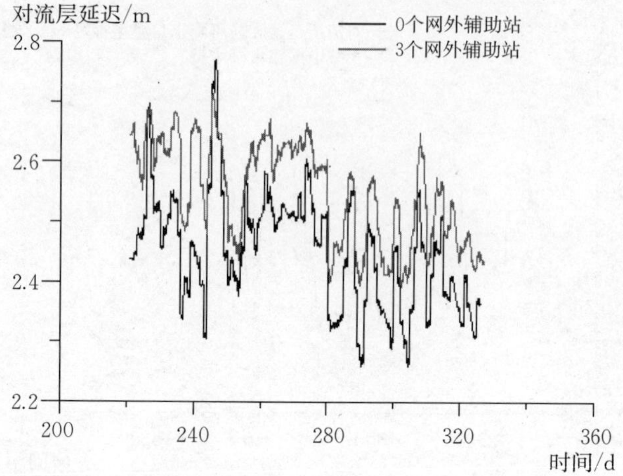

图 4.8　无网外辅助站与三个辅助站的对流层延迟比较

7.3 mm。两者之间存在一个较大的系统差。

根据线性回归分析理论，结合无网外辅助站对流层延迟与三个网外辅助站对流层延迟数据（2005 年 221～290 日数据），可以求出无网外辅助站的对流层延迟转换模型，模型如下

$$ZTD = 0.750 \times ZTD_0 + 0.713 \tag{4-10}$$

式中，ZTD 为修正后的对流层延迟，m；ZTD_0 为无网外辅助站的对流层延迟，m。

需要对无网外辅助站的对流层延迟转换模型的可靠性进行验证，根据对流层延迟转换模型和无网外辅助站的对流层延迟数据（2005 年 291～319 日数据），计算出修正后的对流层延迟，将该对流层延迟与三个网外辅助站的对流层延迟进行比较，如图 4.9 所示。

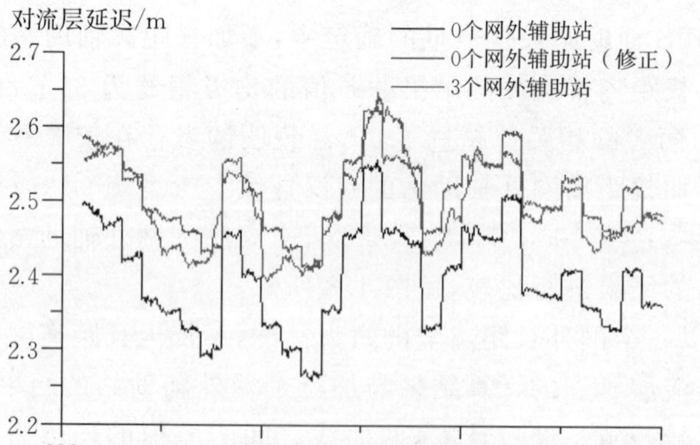

图 4.9　无网外辅助站对流层延迟、三个网外辅助站的对流层延迟及修正后对流层延迟比较

图 4.9 中，修正后的对流层延迟与三个网外辅助站的对流层延迟在数值接近，趋势基本一致。计算两者之间的均值、均方根和相关系数分别为 1.42 cm，2.51 cm，0.911。这样的话，修正后的对流层延迟在精度上与加入三个网外辅助站的对流层延迟相同。

该模型的确立有助于无网外辅助站的区域 GPS 网确定独立的对流层延迟。

§4.6　GPS 可降水量与降水的对比分析

本节利用石家庄、秦皇岛站 GPS 数据反演的逐时可降水量资料，对 2007 年 5～8 月石家庄、秦皇岛的降水天气过程进行分析，探寻可降水量与实际降水的对应关系，以期为暴雨天气的短时临近预报提供参考。

4.6.1　GPS 可降水量与实际降水的逐时演变

可降水量随时间和空间变化显著，连续的 GPS 监测能较好地确定可降水量的时空变化，可以为降水预报提供及时可靠的依据。为研究可降水量与实际降水的关系，对石家庄和秦皇岛两个测站 2007 年 7 月的可降水量与实际降水进行比较，如图 4.10 和图 4.11 所示。

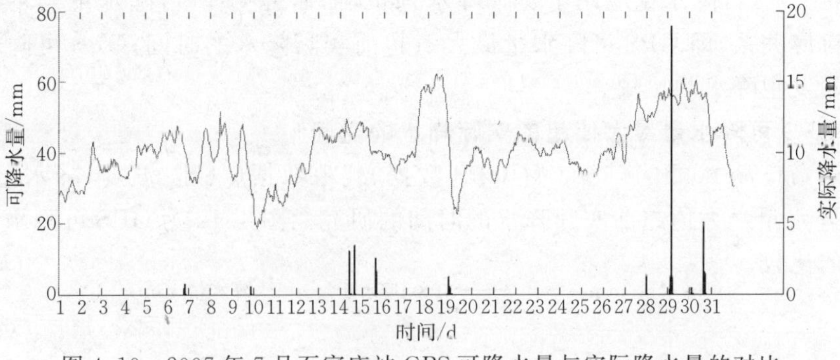

图 4.10　2007 年 7 月石家庄站 GPS 可降水量与实际降水量的对比

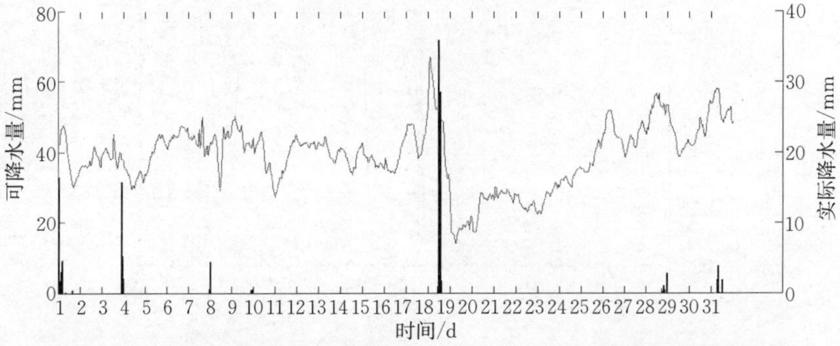

图 4.11　2007 年 7 月秦皇岛站 GPS 可降水量与实际降水量的对比

以石家庄 2007 年 7 月 29 日一次较大的降水过程为例(见图 4.10),在降水前,7 月 28 日 19:00～23:00 的可降水量逐渐增大,23:00 达到较大值,随之从 29 日 0:00～3:00 逐渐减小。实际的降水过程从 29 日 0:00 开始,4:00 结束。可见,降水前,可降水量的迅速递增并达到峰值,可作为降水预报的重要判据之一,而可降水量的连续递减可作为降水结束预报的重要依据之一。突发大暴雨前,存在较长时间的孕育阶段,可降水量先由较高值连续下降到较小值,然后陡增至最大值。例如,秦皇岛在 2007 年 7 月 18 日有一个大暴雨过程(见图 4.11),暴雨持续时间为 18 日 9:00～13:00,该时段内总降雨量为 83.4 mm。在暴雨发生前,可降水量从 17 日 6:00 开始连续下降,至 17 日 12:00 下降到极小值后又开始上升,18 日 7:00 达到最大值,随后 9:00 出现降雨,暴雨主要集中在 9:00～12:00 这 3 h 内。由图 4.11 可见此次大暴雨的孕育过程十分明显。

GPS 技术提高了水汽探测的时空分辨率,为降水预报开创新的技术途径。虽然降水强度的极大值与可降水量的极大值出现时间不一定吻合,但是地面降水大多发生在可降水量处于相对较高时期。

4.6.2　GPS 可降水量与本站降水过程的比较

为将 GPS 可降水量应用于实际降水预报,需研究 GPS 可降水量与本站降水的具体对应关系,即 GPS 可降水量最大值超前实际降水的时间;GPS 可降水量增量与本站发生降水的比较。

1. GPS 可降水量最大值超前实际降水的时间

采用秦皇岛 2007 年 5～8 月 GPS 数据、气象数据(气压、温度、降水量)进行 GPS 可降水量最大值超前实际降水的时间的研究。图 4.12 为 GPS 可降水量和实际降水的比较。

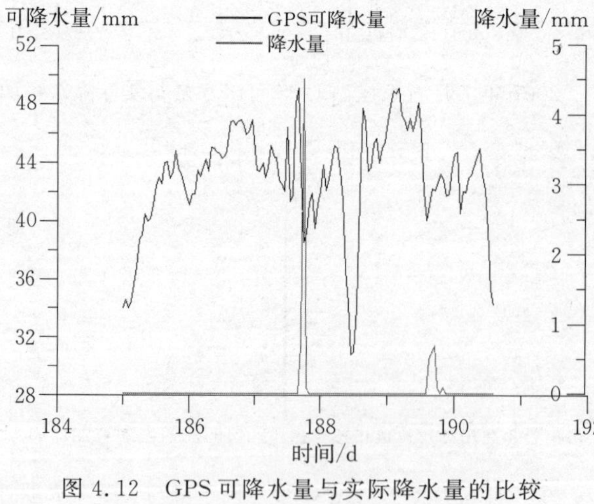

图 4.12　GPS 可降水量与实际降水量的比较

由图4.12可见，GPS可降水量序列的变化对应降水过程的发生，GPS可降水量序列的峰值略超前于降水过程。秦皇岛2007年5～8月期间发生降水16次，GPS可降水量序列峰值与实际降水产生时间的比较如表4.6所示。

表4.6　GPS可降水量序列峰值超前降水时间统计

GPS可降水量峰值超前降水时间	0 h	1 h	2 h	>2 h
次数	2	6	6	2

秦皇岛2007年5～8月发生的16次降水事件中，GPS可降水量序列峰值超前降水发生时间1 h和2 h各6次，两者占到总降水次数的75%，即GPS可降水量序列峰值超前降水发生时间约为1～2 h。说明GPS可降水量监测可应用于短期恶劣气象预报，具有超前性。

2. GPS可降水量增量与本站发生降水的比较

利用秦皇岛2007年5～8月GPS资料和降水量资料，比较1 h、2 h和3 h GPS可降水量增量，可以发现2 h和3 h GPS可降水量资料和本站是否发生降水关系密切，而1 h可降水量资料与是否发生降水关系不是很明显。以2 h、3 h GPS可降水量增量为5 mm作为基准值(对基准值的设置以1～8 mm为例，经过2 h、3 h GPS可降水量增量与本站发生降水的关系比较后，得到5 mm作为基准值更为合适)，对超过基准值的观测，如前2 h到后6 h内出现降水，则认为对应一次降水。表4.7和表4.8为2007年5～8月秦皇岛GPS可降水量的增量与本站降水的关系。

表4.7　秦皇岛2 h、3 h GPS可降水量增量与本站发生降水的关系

2 h GPS可降水量增量大于5 mm次数 (*a*)	3 h GPS可降水量增量大于5 mm次数 (*b*)	发生降水次数 (*c*)	*c*/*a* (%)	*c*/*b* (%)
22	21	16	72	76

表4.8　GPS可降水量增量与降水发生的时间关系

降水次数	2 h GPS可降水量增量大于5 mm	3 h GPS可降水量增量大于5 mm
2 h内	11	12
3～4 h内	3	2
5～6 h内	1	1
前2 h内	1	1

由表4.7和表4.8可见，降水出现的时间一般发生在大气可降水量迅速增加后，在大气可降水量的增幅迅速增加达到基准值后，2 h内出现降水占68.75%(75%)，3～4 h出现降水占18.75%(12.5%)，5～6 h出现降水占6.25%；而大气可降水量迅速增加前2 h内出现降水的仅占6.25%，即GPS可降水量迅速增加后4 h内出现降水的比率占到87.5%。因此，GPS可降水量可作为降水短期预报的指标之一。

通过2007年5～8月秦皇岛GPS可降水量与降水实况的对比分析，得初步

结论：

(1)期间发生 16 次降水过程，每次水汽的增加，都对应着一次降水过程和降水峰值的出现。

(2)秦皇岛 2007 年 5～8 月发生的 16 次降水事件中，GPS 可降水量序列峰值超前降水发生时间 1 h 和 2 h 分别各为 6 次，两者占到总降水次数的 75%，也就是说 GPS 可降水量序列峰值超前降水发生时间约为 1～2 h。降水时间一般发生在大气可降水量迅速增加之后，在 2 h 或 3 h 的大气可降水增量迅速增至基准值 5 mm 后，2 h 内出现降水占 68.75%，3～4 h 出现降水占 18.75%，5～6 h 出现降水占 6.25%；而大气可降水量迅速增加前 2 h 内出现降水的仅占 6.25%，即 GPS 可降水量迅速增加后 4 h 内出现降水的比率占到 87.5%。GPS 可降水量可作为降水短期预报的指标之一。

以上结论仅通过秦皇岛 2007 年 5～8 月数据分析得到，GPS 可降水量用于短期降水预报，需要通过更多时间、更多区域的 GPS 可降水量数据和实际降雨数据比较来验证该结论的可靠性。

§4.7　GPS 可降水量时空分布特征

为对可降水量更进一步的研究和分析，分别对河北省秦皇岛和石家庄两个测站 2007 年 5 ~ 8 月的数据进行了处理，并将结果进行了数值统计。表 4.9 列出了石家庄和秦皇岛的月平均可降水量。

表 4.9　秦皇岛和石家庄两个测站月平均可降水量

测站名	纬度 /(° ′ ″)	海拔高度/m	月平均可降水量/mm			
			5	6	7	8
秦皇岛	39:50:51	13.4	17.6	29.5	39.1	35.9
石家庄	38:02:20	81.2	16.8	31.3	41.0	39.0

由表 4.9 可见，秦皇岛和石家庄两个测站的月平均可降水量总体趋势一致，即 5 月、6 月、7 月可降水量逐渐增加，7 月达到最大值，8 月开始下降，这与河北地区春秋季干燥夏季湿润的气候特征一致。另外，通过表 4.9 的统计结果可见，两个测站的月平均可降水量相差不大，但石家庄站略高，这是由于两个测站的地理位置不同造成。石家庄站比秦皇岛站地理位置偏南，这符合可降水量由南向北递减的规律。

由于可降水量是影响降雨的重要因素之一，选择数据时，避开有降雨出现的样本，选择秦皇岛和石家庄两个测站均无降水出现的日期，具体日期为 2007 年 6 月 8～10 日，分别计算两个测站逐时平均可降水量。两个测站可降水量的日变化曲线如图 4.13 所示。

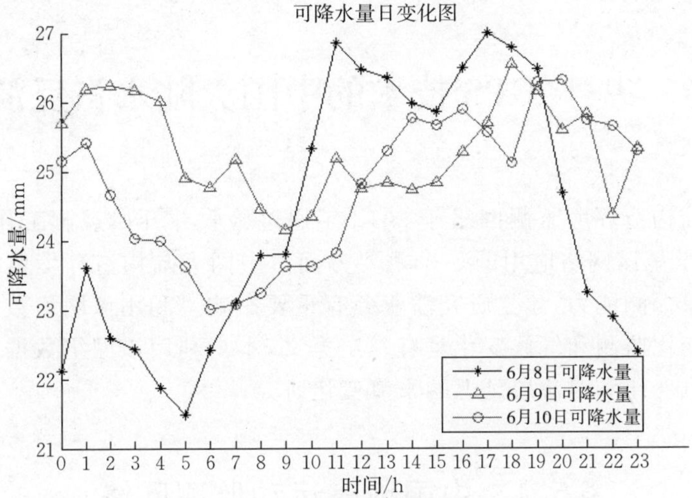

(a) 秦皇岛

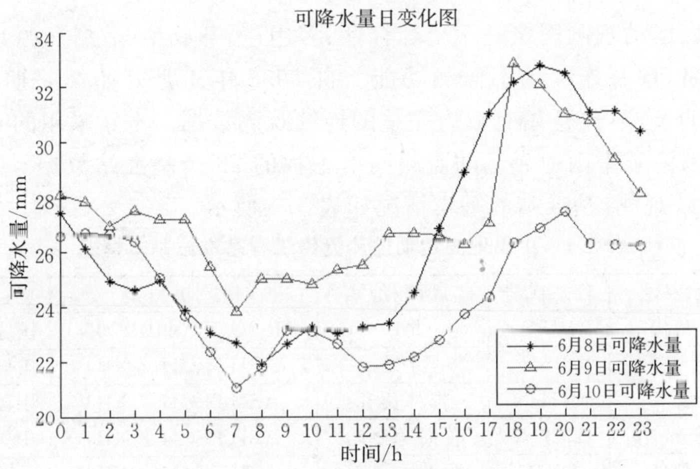

(b) 石家庄

图 4.13　可降水量日变化对比图

由图 4.13 可见，一天中不同时刻，可降水量均有不同程度波动，极小值一般出现在早晨左右(秦皇岛分别为北京时间 5:00、9:00、6:00，石家庄分别为北京时间 8:00、7:00、7:00)，极大值一般出现在傍晚左右(秦皇岛分别为北京时间 17:00、18:00、20:00，石家庄分别为北京时间 19:00、18:00、20:00)。出现这种变化主要是因为早晨随着日出后气温逐渐升高，地面的蒸发逐渐增多，可降水量相应增大；到了傍晚左右，随着日落后气温逐渐下降，地面的蒸发逐渐减少，可降水量相应减少。可见，大气可降水量与地面的温度湿度等紧密相关。

第5章　基于GPS技术的中国大陆水汽反演研究

中国大陆构造环境监测网络于2012年通过验收并开始观测工作，测站达到260个，气象学是该网络应用的一个重要方面。中国大陆构造环境监测网络的建设对提升气象探测能力，建立研究性业务有重要影响。利用该网络数据进行中国大陆的水汽变化监测和气候变化具有一定意义，本章利用该网络数据进行中国大陆地区的水汽变化和对流层延迟的季节变化研究。

§5.1　中国地壳运动监测网络

中国地壳运动观测网络是一个综合性、多用途、开放型、数据资源共享、全国统一的观测网络，具有连续动态监测功能。自1998年4月开始第一期GPS观测，GPS基准站自2000年开始有较为完整的连续观测数据。本章采用的GPS原始观测资料主要来源于中国地壳运动监测网络工程的28个基准站数据。GPS基准站采用24 h连续观测，基准站的基本情况如表5.1所示。

表5.1　中国地壳运动监测网络工程基准站基本情况

序号	台站名	台站代号	所在地	接收机类型	所属部门
1	房山	BJFS	北京	ROGUE SNR-8000	国家测绘局
2	十三陵	BJSH	北京	ASHTECH Z-XII3	中国地震局
3	长春	CHUN	吉林长春	ASHTECH Z-XII3	中国科学院
4	德令哈	DLHA	青海德令哈	ASHTECH Z-XII3	中国地震局
5	鼎新	DXIN	内蒙古鼎新	ASHTECH Z-XII3	总参测绘局
6	广州	GUAN	广东广州	ASHTECH Z-XII3	总参测绘局
7	海拉尔	HLAR	黑龙江海拉尔	ASHTECH Z-XII3	中国地震局
8	哈尔滨	HRBN	黑龙江哈尔滨	ASHTECH Z-XII3	—
9	蓟县	JIXN	天津蓟县	ASHTECH Z-XII3	中国地震局
10	昆明	KMIN	云南昆明	ASHTECH Z-XII3	总参测绘局
11	拉萨	LHAS	西藏拉萨	ROGUE SNR-8000	国家测绘局
12	泸州	LUZH	四川泸州	ASHTECH Z-XII3	中国地震局
13	琼中	QION	海南琼州	ASHTECH Z-XII3	中国地震局
14	上海	SHAO	上海	ROGUE SNR-8000	中国科学院
15	绥阳	SUIY	黑龙江绥阳	ASHTECH Z-XII3	总参测绘局
16	泰安	TAIN	山东泰安	ASHTECH Z-XII3	中国地震局
17	塔什	TASH	新疆塔什	ASHTECH Z-XII3	总参测绘局

续表

序号	台站名	台站代号	所在地	接收机类型	所属部门
18	乌鲁木齐	URUM	乌鲁木齐	ROGUE SNR-8000	国家测绘局
19	九峰	WHJF	湖北武汉	Javad Legacy	中国科学院
20	武汉	WUHN	湖北武汉	ROGUE SNR-8000	国家测绘局
21	乌什	WUSH	新疆乌什	ASHTECH Z-XII3	中国地震局
22	西安	XIAA	陕西西安	ROGUE SNR-8000	总参测绘局
23	下关	XIAG	云南下关	ASHTECH Z-XII3	中国地震局
24	厦门	XIAM	福建厦门	ASHTECH Z-XII3	中国地震局
25	西宁	XNIN	青海西宁	ROGUE SNR-8000	国家测绘局
26	盐池	YANC	宁夏盐池	ASHTECH Z-XII3	中国地震局
27	永兴岛	YONG	海南永兴岛	ASHTECH Z-XII3	总参测绘局
28	郑州	ZHNZ	河南郑州	ASHTECH Z-XII3	—

§5.2　无线电探空可降水量

5.2.1　无线电探空可降水量计算公式

可降水量的计算可由其定义推导(王国安,1999):设空气柱中的水汽质量为 m_n,空气柱的高度为 z,空气柱中的水汽密度为 ρ_n,空气柱中的空气(包括干空气和水汽) 密度为 ρ,水的质量为 m_w,水的密度为 ρ_w,可降水量为 W,则对于高度为 $\mathrm{d}z$ 底面积为单位面积($A=1\ \mathrm{cm}^2$)的空气块而言,其水汽质量应为

$$\mathrm{d}m_n=\rho_n V=\rho_n\,\mathrm{d}z\times 1=\rho_n\,\mathrm{d}z$$

凝结为水,其水汽质量为

$$\mathrm{d}m_w=\rho_w V=\rho_w\,\mathrm{d}W\times 1=\rho_w\,\mathrm{d}W$$

显然　$\mathrm{d}m_n=\mathrm{d}m_w$

也就是　$\rho_n\,\mathrm{d}z=\rho_w\,\mathrm{d}W$

故得　$\mathrm{d}W=\dfrac{\rho_n}{\rho_w}\mathrm{d}z$

对上式积分,可以得到单位气柱(自地面至 z 高度)的可降水量为

$$W=\frac{1}{\rho_w}\int_0^z\rho_n\,\mathrm{d}z \tag{5-1}$$

式(5-1)即为按可降水量定义直接推出来的可降水量的表达式,但此式不便按气象观测资料来进行计算。为此,可以做如下的转换:由大气静力学方程 $\mathrm{d}p=-\rho g\,\mathrm{d}z$ 可得

$$\mathrm{d}z=-\frac{\mathrm{d}p}{\rho g} \tag{5-2}$$

将式(5-2)代入式(5-1),得

$$W=-\frac{1}{\rho_w g}\int_{p_0}^{p_z}\frac{\rho_n}{\rho}\mathrm{d}p$$

考虑到比湿的计算公式 $q=\dfrac{\rho_n}{\rho}$

$$W=\frac{1}{\rho_w g}\int_{pz}^{p_0}q\mathrm{d}p \tag{5-3}$$

式(5-3)就可以按照气象观测资料来进行计算。

若取水的密度 $\rho_w=1\mathrm{g/cm^3}$,重力加速度 $g=980\ \mathrm{cm/s^2}$,比湿 q 以 g/kg 为单位,气压 p 以 hPa 为单位,则

$$W=0.010\,2\int_{p_z}^{p_0}q\mathrm{d}p$$

或近似地写成

$$W=0.01\int_{p_z}^{p_0}q\mathrm{d}p \tag{5-4}$$

式(5-4)即为可降水量的基本计算公式。

5.2.2　可降水量影响因素

大气中的可降水量是随着距水汽源地的远近、纬度、季节和高程等而变的。

(1) 距离水汽源地的远近。大气中的水汽主要来自海洋的蒸发以及其他自由水面(江河、湖泊等)、潮湿陆面的蒸发和植物的散发等,借助空气垂直交换而上升到离地面较高的空气层中。其他条件相同,则距离海洋越远,空气中的水汽含量越少。由于温度决定着空气中水汽含量上限,水温较高时水面蒸发也较多,暖水体上面的暖空气总是具有较高的可降水量。

(2) 纬度和季节。由于气温的原因,低纬度的可降水量总是比高纬度的多。与此类似,由于夏季气温较高,可降水量在夏季也较冬季更多。空气中的水汽含量,按体积来说,其变化范围可以从 0 到 4%;从平均情况来看,在极地约为 0.2%,在赤道约为 2.6%,在中纬度严寒的季节中仅千分之几,在潮湿的夏季可达 3%,在沿海潮湿地区可超过 3%。

(3) 高程。在其他条件相同时,薄层空气自然比厚层空气所含有的可降水量要低,气温一般在低处最暖,则大气中的水汽大部分集中于大气低层。据计算,一个假绝热饱和大气柱,其水汽的 60%～70%是集中在 3 000 m(海拔高度)以下的气层中,在 7 000 m 高度上,水汽大约只有百分之几。再向上水汽含量还要减少,但直到 15 000～20 000 m(甚至更高)高度上,仍然有水汽存在。

5.2.3　无线电探空可降水量的计算

按照无线电探空资料计算可降水量,计算如下:如果比湿 q 随高度及气压 p 的变化,由探空或其他观测已经知道,则可以计算出可降水量。将式(5-4)变为有限

差的形式

$$W = 0.01 \sum_{i=1}^{n} \bar{q} \Delta p \tag{5-5}$$

式中，$\bar{q} = \frac{1}{2}(q_i + q_{i+1})$，$\Delta p = p_i - p_{i+1}$。

根据探空实测资料就可以计算出无线电探空可降水量。

§5.3　中国地壳运动监测网络 GPS 可降水量的可靠性检核

在进行 GPS 技术反演中国大陆水汽变化之前，以无线电探空数据与中国地壳运动监测网络的 GPS 解算可降水量的比较结果来判定 GPS 可降水量的可靠性。采用 2002 年上海、武汉两个站点的 GPS 可降水量与当地探空数据进行比较，其中上海测站的数据时间为 2002 年 190～199 日，而武汉测站的数据时间为 2002 年全年。

5.3.1　上海 GPS 可降水量与无线电探空的比较

上海的无线电探空资料时间为 2002 年 190～199 日（每天观测两次，时间为 08:00 和 20:00，在第 195 日 20:00 无线电探空无观测数据），根据式(5-5)和无线电探空的实测资料计算该时间段的可降水量值。

解算中国地壳运动监测网络 2002 年 190～199 日的 GPS 数据，提取上海站的对流层延迟，解算静力学延迟，两者作差得到湿延迟，经转换模型得该时间段的 GPS 可降水量。为检验 GPS 可降水量的效果，将上海站的 GPS 可降水量与无线电探空可降水量进行比较，如图 5.1、图 5.2 所示。

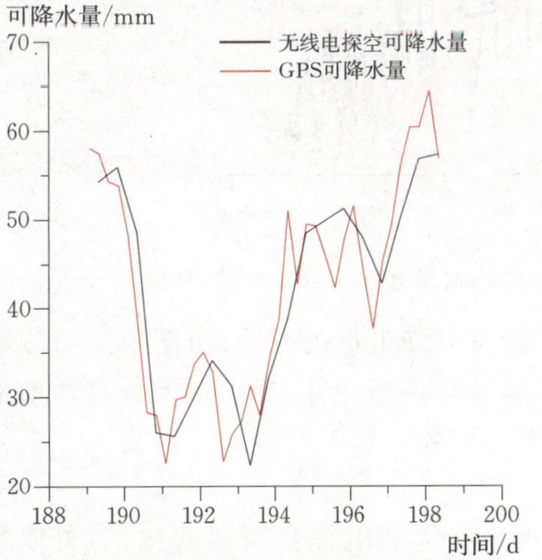

图 5.1　无线电探空可降水量与 GPS 可降水量比较

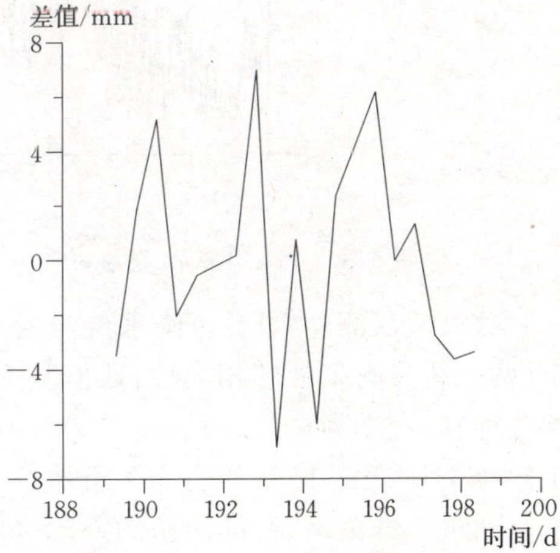

图 5.2　无线电探空可降水量与 GPS 可降水量差值

对无线电探空数据与 GPS 可降水量的比较结果进行均值、均方根、相关性计算，结果如表 5.2 所示。

表 5.2 无线电探空可降水量与 GPS 可降水量的比较

统计类型	无线电探空可降水量与 GPS 可降水量之差
均值/mm	0.24
均方根/mm	4.0
相关系数	0.94

5.3.2 武汉 GPS 可降水量与无线电探空的比较

由于上海测站 GPS 可降水量与无线电探空的比较数据相对较少，为此，采用武汉测站 2002 年全年的 GPS 可降水量结果与武汉的无线电探空可降水量进行比较，以此来论证 GPS 可降水量的可靠性。

武汉测站 2002 年的 GPS 数据解算按天解算，对流层延迟的解算以 1 h 为单位，一天 24 个解算结果。结合武汉测站的基本资料，可以得到该站的可降水量值。武汉的无线电探空数据为每天两次，时间为 08:00 和 20:00，根据实测资料计算出对应时间的可降水量。武汉测站 2002 年全年的 GPS 可降水量结果与武汉的无线电探空可降水量的比较如图 5.3 所示。

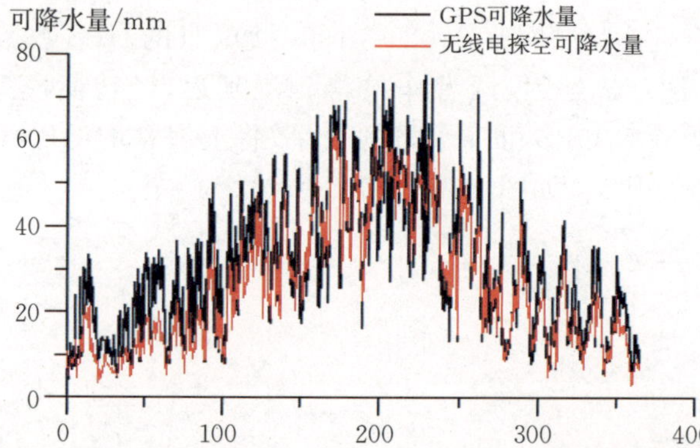

图 5.3 2002 年武汉测站 GPS 可降水量与无线电探空可降水量的比较

分析武汉测站 GPS 可降水量与无线电探空可降水量的差异，由图 5.3 可以看出，两曲线具有很强的相关性，数值基本相同，比较两者全年、季节的差异。季节的划分标准：春季为 2、3、4 月，夏季为 5、6、7 月，秋季为 8、9、10 月，冬季为 11、12 月至次年 1 月，比较结果如表 5.3 所示。

通过上海测站、武汉测站的 GPS 可降水量与无线电探空数据的比较，可以知道，GPS 可降水量与无线电探空可降水量两者具有很强的相关性，相关系数达到了 0.9，两者之间差值的均方根约为 5.7 mm，说明在精度上 GPS 可降水量可以满足气象应用的要求。

表5.3　武汉GPS可降水量与无线电探空可降水量的比较

时间	均值/mm	均方根/mm	相关系数
春季	7.2	5.5	0.849
夏季	2.1	6.2	0.876
秋季	1.4	5.3	0.929
冬季	3.8	3.9	0.876
全年	3.7	5.7	0.925

通过对无线电探空资料与GPS可降水量的比较，可认为利用GPS数据反演可降水量可靠，利用中国地壳运动监测网络的GPS数据反演中国大陆可降水量结果可信。

§5.4　基于GPS可降水量的中国大陆地区水汽变化

中国地壳运动监测网络基础上建立的中国大陆构造环境监测网络测站数目增加至260个，利用现有的中国地壳运动监测网络数据进行中国大陆的水汽变化研究，具有较好的实用价值。

5.4.1　GPS可降水量推算

利用中国地壳运动观测网络2004年的GPS数据，采用高精度定位定轨软件GAMIT和IGS精密星历解算出测站天顶对流层延迟，逐天解算。GPS数据的采样间隔为30 s，每天的观测时间为UTC时间00:00～24:00。经验表明：在用GAMIT处理基线长度大于500 km的GPS数据时，得到的对流层延迟是绝对估计值；否则，结果会有偏差，这个偏差对于整个GPS网来说是一个常数（时间函数，与空间无关），从而只能得到对流层延迟的精确相对估计。由中国地壳运动观测网络GPS测站组成的基线大部分满足此要求，因而求解出来的对流层延迟为绝对估计值。

从国家气象局收集了与中国地壳运动观测网络GPS测站相对应的2004年气象要素（气压、温度）资料，分别为北京房山（BJFS）、长春（CHUN）、德令哈（DLHA）、广州（GUAN）、海拉尔（HLAR）、哈尔滨（HRBN）、昆明（KMIN）、拉萨（LHAS）、琼州（QION）、上海（SHAO）、塔什（TASH）、乌鲁木齐（URUM）、武汉九峰（WHJF）、武汉（WUHN）、西安（XIAA）、厦门（XIAM）、西宁（XNIN）、盐池（YANC）、海南永兴岛（YONG）。

应用GAMIT解算出测站对流层延迟，再利用收集到的气象要素资料计算出相应的静力学延迟，对流层延迟与静力学延迟做差即可求出相应的对流层湿延迟

(19 个测站),对流层湿延迟与转换系数 0.15 相乘,最后得到测站上空的可降水量(水汽)。这样就可以得到 2004 年的 19 个测站的水汽值。

5.4.2 中国大陆地区的水汽变化

对计算出来的水汽值进行月值统计,如表 5.4 所示。

表 5.4 中国地壳运动观测网络测站水汽统计

单位:mm

测站	月份											
	1	2	3	4	5	6	7	8	9	10	11	12
北京房山	2.2	3.3	4.5	11.2	15.7	28.1	35.1	32.8	19.1	10.2	9.3	8.7
长春	3.1	4.8	4.9	7.8	14.2	23.1	33.4	24.9	17.2	9.1	5.2	3.5
德令哈	3.1	3.1	3.8	4.6	8.1	10.7	12.9	12.2	9.4	6.0	2.7	3.3
广州	21.2	24.9	33.1	41.3	47.9	52.3	51.9	55.1	42.2	27.3	19.4	14.5
海拉尔	3.2	3.2	4.4	7.0	9.9	17.3	23.8	19.1	14.1	8.2	4.7	3.6
哈尔滨	2.0	2.9	3.4	6.5	12.5	20.5	29.8	23.0	15.8	8.4	10.7	10.1
昆明	3.8	6.2	9.6	15.6	21.6	28.1	26.9	29.0	25.1	17.3	3.6	3.9
拉萨	4.1	3.9	5.0	9.1	11.6	24.5	33.3	20.3	14.8	9.0	4.1	4.4
琼州	26.3	28.5	32.7	41.1	48.4	48.8	49.5	51.1	47.3	33.4	21.3	17.0
上海	7.8	10.6	13.3	19.4	28.5	32.7	41.9	43.6	35.7	16.6	12.4	11.6
塔什	5.4	5.5	6.3	8.3	9.2	12.3	15.1	13.1	10.6	8.3	6.1	7.2
乌鲁木齐	4.5	5.2	7.7	10.1	12.3	15.1	20.5	18.4	13.1	8.1	5.3	6.2
武汉九峰	14.0	15.4	20.3	27.2	33.4	42.5	48.1	53.4	36.1	22.9	16.6	14.4
武汉	9.6	10.9	16.8	23.3	29.0	38.9	44.6	49.6	32.4	18.8	13.4	11.8
西安	3.1	4.6	8.4	10.8	16.1	23.8	30.8	35.3	24.6	12.7	7.9	8.4
厦门	21.1	23.4	31.1	36.5	44.5	47.5	49.1	51.8	48.3	26.1	19.7	15.3
西宁	1.9	2.3	3.5	5.2	9.0	13.3	16.1	19.0	13.3	7.0	3.9	5.8
盐池	5.7	5.4	8.1	9.8	12.7	20.6	25.2	26.8	18.0	10.6	7.9	9.4
海南永兴岛	32.2	30.3	32.8	42.7	48.1	52.9	51.2	52.6	51.4	36.2	18.4	15.8

由表 5.4 可见,各测站的水汽值在 1～3 月处于相对较低的数值,然后水汽值上升,在 7、8 月达到顶峰,紧接着水汽值开始下降,在 12 月份处于较低值。东南沿海的水汽值最高,内陆地区次之,高原地区的水汽值最低。

根据分布全国的 GPS 测站的水汽含量值,采用张性样条网格化法进行线性内插,绘出 2004 年中国大陆的 1～12 月的水汽变化图,如图 5.4 至图 5.6 所示。

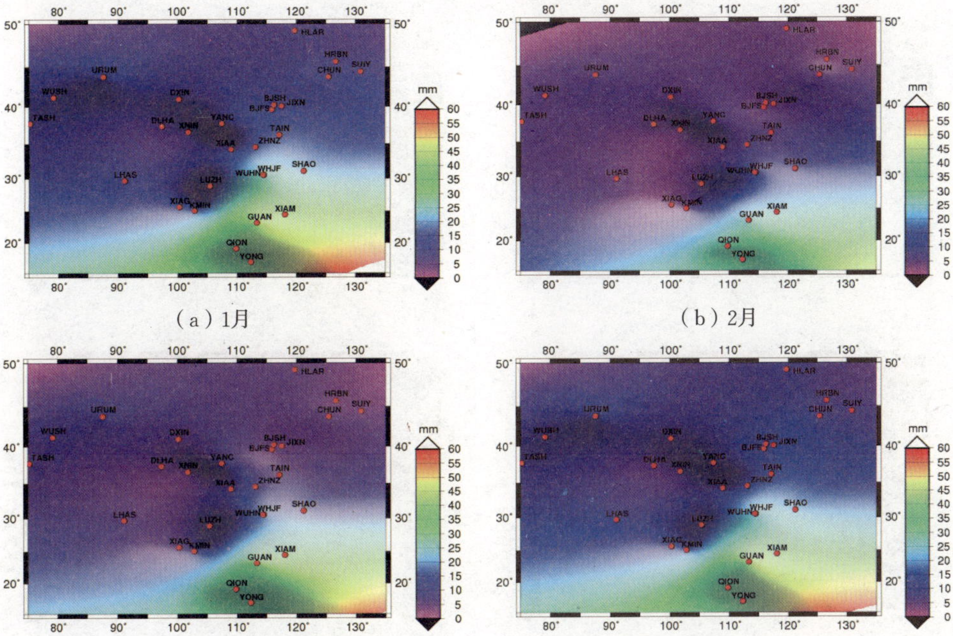

（a）1月　　（b）2月

（c）3月　　（d）4月

图 5.4　2004 年 1～4 月中国大陆水汽变化图

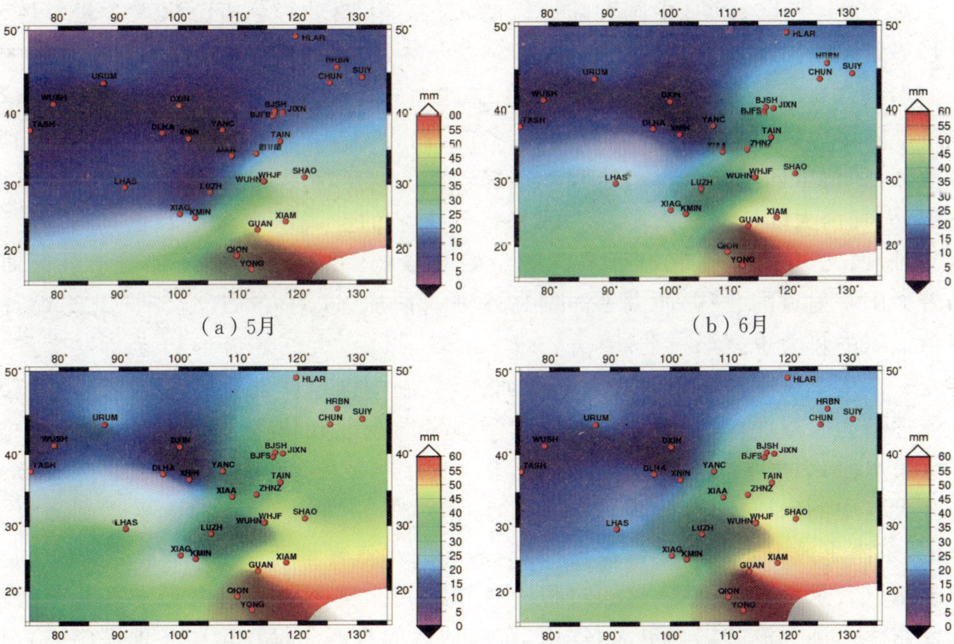

（a）5月　　（b）6月

（c）7月　　（d）8月

图 5.5　2004 年 5～8 月中国大陆水汽变化图

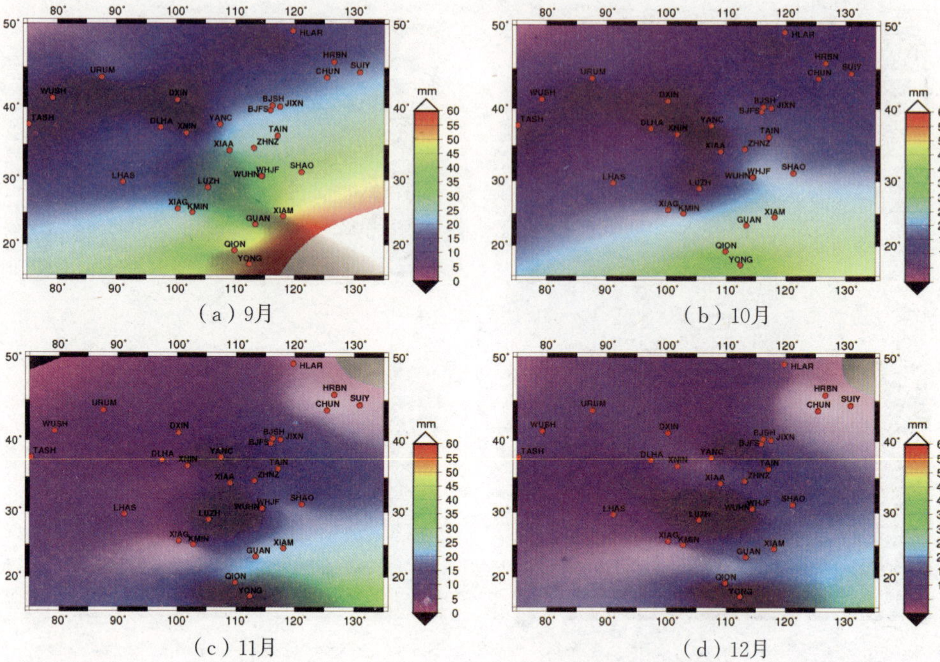

(a) 9月 (b) 10月

(c) 11月 (d) 12月

图 5.6 2004 年 9～12 月中国大陆水汽变化图

对 2004 年 1～12 月中国大陆地区的水汽变化图进行分析。水汽含量整体变化趋势是东南沿海向西北内陆逐渐递减，这与中国的年降水量分布趋势是一致的。

水汽含量的逐月变化趋势与我国上空的大气环流变化趋势是一致的。春秋季和冬季阿留申低压势力较强，而特别在冬季，强大的蒙古高压控制着我国广大的北方地区，阿留申低压与蒙古高压间存在着较大的气压梯度差，近地面层盛行北偏西气流，大气由大陆流向北太平洋。因来自于大陆的空气水汽含量较低，10 月至次年 4 月，西北、华北和东北地区水汽含量始终较低，并且在 1、2 月时处于最低值。随着太阳直射点的北移，西太平洋副高逐渐西伸加强，蒙古高压逐渐向北退缩，阿留申低压的势力也逐渐减弱，春分(3 月 21 日)以后，大气环流形势逐渐发生重大转变。东南季风和西南季风势力开始加强，控制中国广阔北方地区的干冷的偏北气流逐渐为暖湿的偏南气流所取代，东南季风向东北和华中、华北、东北地区输送了大量水汽，大气中的水汽含量随之上升。4 月到 9 月，我国的中部和北部大部分地区大气中的水汽值较高，并且在 7、8 月时达到最高值。9 月，西太平洋副高势力减弱，东南季风由东北向华南迅速回撤，东北的水汽含量开始下降，华北、华中和华南的水汽含量也开始下降，这一过程一直持续到次年 1、2 月。由于华南及东南地区受东南暖湿气流的影响更大，华南、东南地区的水汽含量在全国各地区中一直是最高的。在 7、8 月，由于台风对华南沿海和东南沿海的影响，7、8 月的华南、东南沿海地区的水汽含量值在全年中最高。

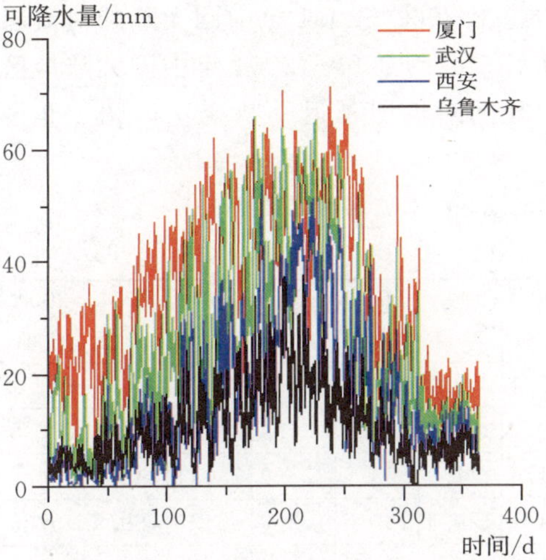

图5.7 2004年厦门、武汉、西安、乌鲁木齐水汽变化图

为显示中国大陆水汽的整体变化规律，选取由中国大陆东南沿海至西北内陆的四个站点（厦门、武汉、西安、乌鲁木齐），做出这些地区全年的水汽变化图，如图5.7所示。由图5.7可见，四个测站一年的水汽变化趋势为冬季最低，夏季最高，春秋两季水汽值位于两者之间。四个测站相比较，厦门、武汉、西安、乌鲁木齐在中国地理位置上，正好分布于东南沿海至西北内陆地段，而以上四地区的水汽值刚好呈从高到低的排列，这说明由中国大陆东南沿海到西北内陆地区，水汽含量递减，这与图5.4至图5.6的水汽整体变化趋势一致。

§5.5 对流层延迟反演中国大陆水汽季节变化

5.5.1 无线电探空可降水量与GPS对流层延迟的比较

用GPS对流层延迟反映大气中的可降水量变化，需要进行GPS对流层延迟与无线电探空的可降水量的比较，以证明GPS对流层延迟反演水汽变化的可行性。利用上海测站2002年190～199日GPS对流层延迟和无线电探空的可降水量进行比较，如图5.8所示。

由图5.8可见，GPS对流层延迟和无线电探空可降水量变化趋势一致，GPS对流层延迟和无线电探空可降水量相关性为0.89。这说明两者变化的比值为固定值，两者之间可相互转化。

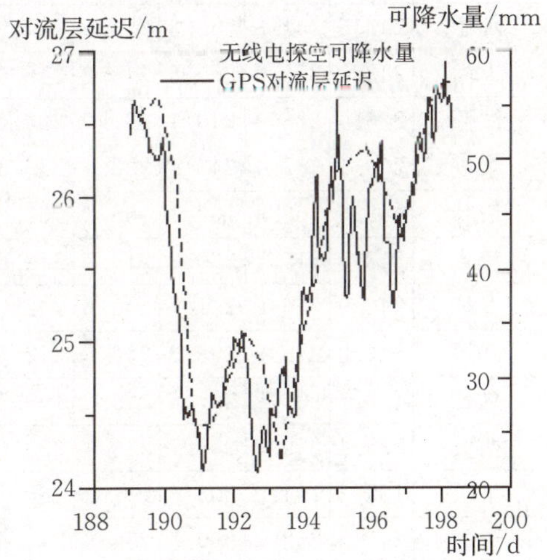

图5.8 GPS对流层延迟与无线电探空可降水量的比较

注：无线电探空195日20:00无数据，因此图5.9中GPS对流层延迟曲线在195日有上升下降过程，而无线电探空可降水量曲线没有显示该过程。

5.5.2 2002—2004年中国大陆的对流层延迟季节变化

利用中国地壳运动监测网络数据解

算出测站上空的对流层延迟，以季节为单位绘出 2002—2004 年中国大陆的对流层延迟变化图。季节的划分标准见 5.3.2 节，表 5.5 为 2002—2004 年中国大陆地区的对流层延迟数据。2002—2004 年中国大陆的对流层延迟季节变化如图 5.9 至图 5.11 所示。

表 5.5 2002—2004 年中国大陆地区的对流层延迟数据

单位：cm

测站	2002 冬季	2002 春季	2002 夏季	2002 秋季	2003 冬季	2003 春季	2003 夏季	2003 秋季	2004 冬季	2004 春季	2004 夏季	2004 秋季
北京房山	235.4	237.6	250.8	239.7	236.2	240.4	249.2	243.7	234.7	237.7	250.8	241.1
十三陵	224.6	229.7	240.4	229.8	226.4	230.4	242.7	233.4	225.4	231.2	242.3	232.5
长春	229.0	230.3	241.7	232.0	229.3	231.6	241.9	233.8	228.9	230.4	242.1	234.8
德令哈	163.0	164.8	171.2	166.5	162.7	164.7	170.4	165.6	162.9	164.7	169.9	167.5
鼎新	209.0	210.2	215.1	212.2	209.0	210.7	215.5	211.6	208.9	209.4	214.8	212.4
广州	248.2	257.5	265.1	257.9	248.8	258.9	263.9	255.3	246.4	257.8	264.4	251.2
海拉尔	218.5	219.1	—	—	218.4	219.6	227.5	221.5	218.0	218.9	227.8	221.5
哈尔滨	—	—	—	—	230.6	232.6	243.7	235.1	230.3	231.7	242.8	236.3
蓟县	236.2	238.3	251.4	240.3	237.0	240.8	250.1	242.4	235.8	238.4	251.3	242.0
昆明	189.5	194.1	202.2	196.5	189.2	195.2	203.4	197.1	188.9	194.9	203.0	198.1
拉萨	150.6	153.5	161.0	155.2	150.6	154.9	162.0	155.5	150.4	153.8	161.5	157.7
泸州	236.6	242.0	252.8	243.3	235.6	242.9	254.4	245.6	235.7	242.5	252.6	244.4
琼中	243.6	251.3	258.3	254.5	245.9	253.8	257.5	251.7	244.1	251.8	256.6	248.1
上海	243.1	250.4	260.3	248.2	242.6	248.3	258.9	249.5	240.8	245.6	256.3	247.5
绥阳	226.0	228.3	240.1	230.0	226.2	229.1	239.7	231.2	225.9	227.9	238.9	232.1
泰安	229.1	232.1	243.1	233.1	229.5	233.4	244.3	235.9	228.5	232.1	245.5	234.6
塔什	162.6	163.4	169.1	165.2	162.2	164.5	168.1	164.9	162.7	164.9	168.7	166.8
乌鲁木齐	212.8	215.1	220.8	215.1	212.6	215.1	220.4	215.1	212.5	214.9	218.8	216.8
九峰	242.0	246.6	261.7	246.6	242.3	248.1	259.9	248.5	240.4	246.5	258.6	246.6
武汉	242.8	248.9	258.3	246.8	242.5	248.8	260.4	249.0	240.6	246.7	259.1	247.0
乌什	199.7	201.7	207.6	203.2	199.8	202.4	206.8	203.5	200.1	202.1	206.3	205.0
西安	225.4	229.3	238.7	230.1	225.6	229.6	240.4	232.7	224.8	228.0	239.5	232.6
下关	189.2	194.0	203.6	196.6	188.7	194.0	204.2	196.8	188.7	194.4	203.6	197.7
厦门	245.5	252.7	260.3	254.6	245.8	254.5	259.7	252.7	243.7	253.1	259.7	249.6
西宁	176.7	179.7	187.0	181.1	176.2	179.6	186.9	181.6	176.5	179.3	186.1	183.6
盐池	202.3	205.1	211.9	206.2	202.3	205.2	212.7	206.6	201.9	203.8	212.4	207.9
永兴岛	249.4	256.9	265.7	264.1	254.8	260.8	266.8	254.4	253.9	258.3	264.3	255.4
郑州	224.6	229.7	240.4	229.8	226.4	230.4	242.7	233.4	225.4	231.2	242.3	232.5

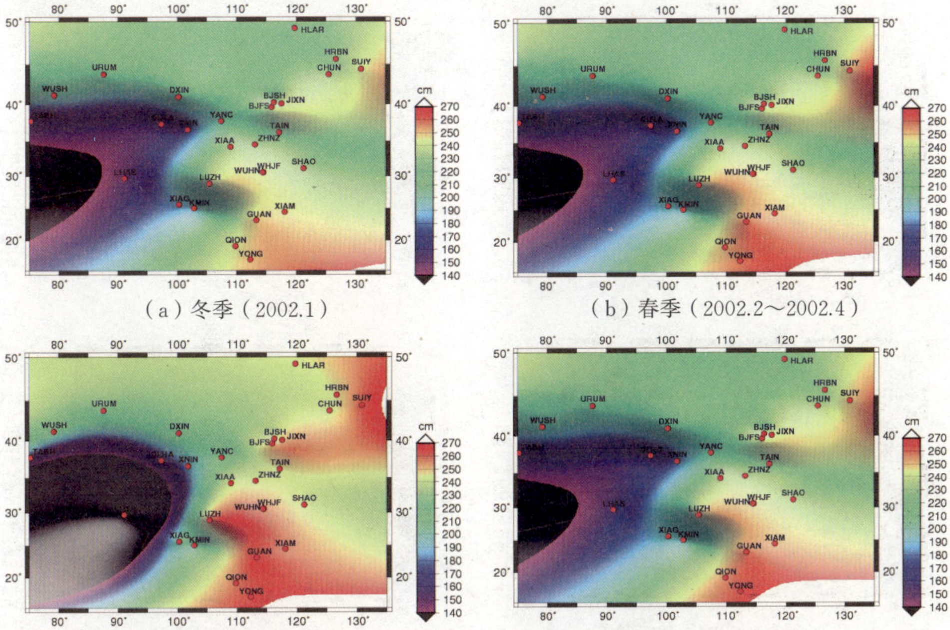

（a）冬季（2002.1）　（b）春季（2002.2～2002.4）

（c）夏季（2002.5～2002.7）　（d）秋季（2002.8～2002.10）

图 5.9　2002 年对流层延迟变化图

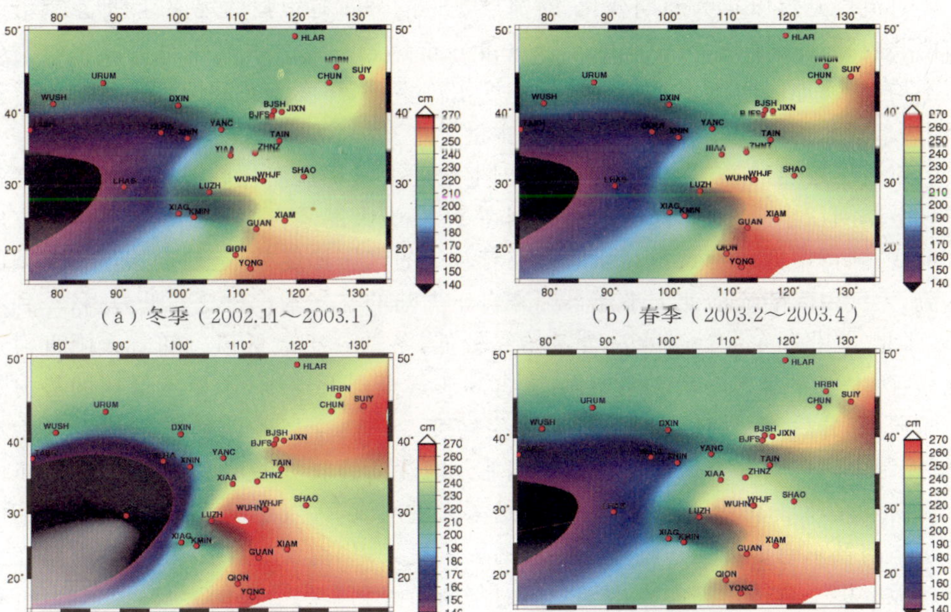

（a）冬季（2002.11～2003.1）　（b）春季（2003.2～2003.4）

（c）夏季（2003.5～2003.7）　（d）秋季（2003.8～2003.10）

图 5.10　2003 年对流层延迟变化图

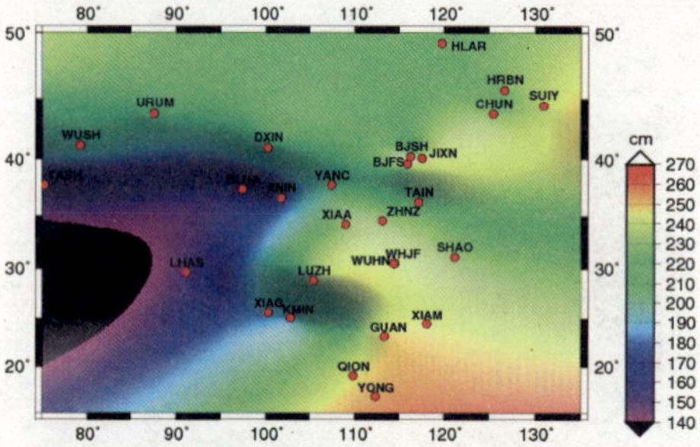

(a) 冬季 (2003.11～2004.1)

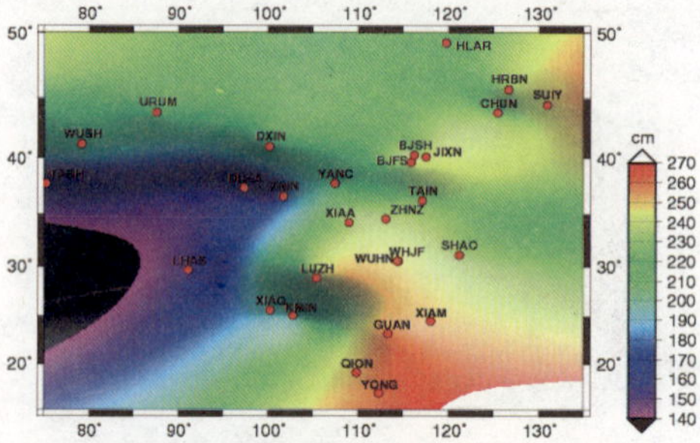

(b) 春季 (2004.2～2004.4)

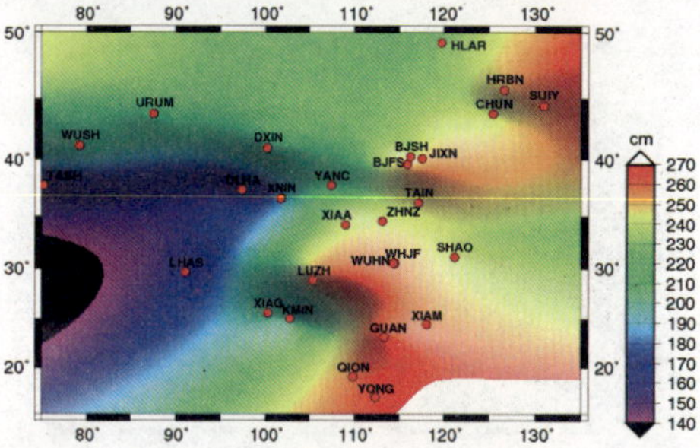

(c) 夏季 (2004.5～2004.7)

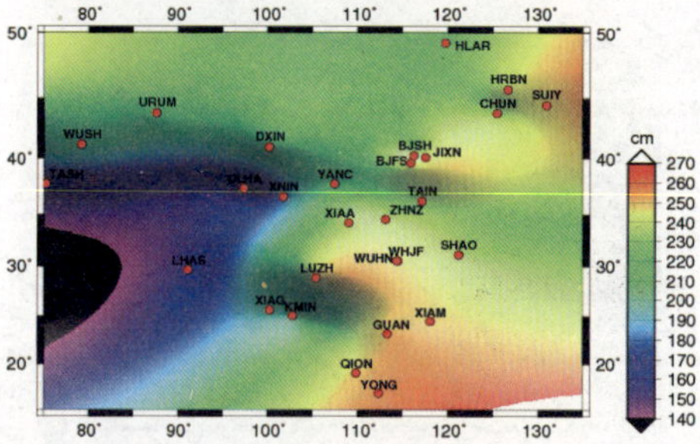

(d) 秋季 (2004.8～2004.10)

图 5.11　2004 年对流层延迟变化图

对流层延迟以年为周期变化，对流层延迟的分布有很强的规律性，即东南沿海向西北内陆逐渐递减，与中国的年降水量分布趋势一致。水汽在对流层中时空分布不均，沿海地区水汽多，内陆少；低纬度水汽多，高纬度少。我国的平均水汽含量南方大，西北小，越深入内陆地区水汽含量越小。

对流层延迟的季节变化趋势与我国上空的大气环流变化趋势是一致的。春秋季和冬季阿留申低压势力较强，而特别在冬季，强大的蒙古高压控制着我国北方广大地区，阿留申低压与蒙古高压间存在着较大的气压梯度差，近地面层盛行北偏西气流，大气由大陆流向北太平洋。因来自于大陆的空气水汽含量较低，从秋季到春季，西北、华北和东北地区水汽含量始终较低，冬季处于最低值。随着太阳直射点北移，西太平洋副高逐渐西伸加强，蒙古高压逐渐向北退缩，阿留申低压的势力逐渐减弱，春分后，大气环流形势逐渐发生转变。东南季风和西南季风势力开始加强，控制中国广阔北方地区的干冷的偏北气流逐渐为暖湿的偏南气流所取代，东南季风向东北和华中、华北、东北地区输送了大量水汽，大气中的水汽含量随之上升。由于华南及东南地区受东南暖湿气流的影响更大，华南、东南地区的水汽含量在全国各地区中一直是最高的。由于台风对华南沿海和东南沿海的影响，夏季的华南、东南沿海地区的水汽含量值在全年中最高。

可见，中国大陆地区的对流层延迟的整体变化与中国的年降水量分布趋势一致，对流层延迟的季节变化趋势与我国上空的大气环流变化情况相同。对流层延迟变化与水汽的变化相同，采用一定的方法，可以利用对流层延迟来反映出水汽的变化。

§5.6　武汉地区大气加权平均温度模型的检核

本节进行中国地壳运动监测网络的 GPS 测站对流层延迟推算的可降水量与无线电探空可降水量进行比较，以验证武汉地区大气加权平均温度模型。

在中国地壳运动监测网络的 GPS 气象应用中，解算了 2002—2004 年各测站的对流层延迟，收集了武汉站 2002 年的地面气压和温度数据，通过武汉地区大气加权平均温度模型（$T_m = 170.76 + 0.382 \times T_s$），可以计算出该测站的可降水量值。

从中国气象数据共享网下载武汉地区 2002 年的无线电探空数据，整理出各层的气压、比湿数据，按照式(5-5)即可计算出无线电探空可降水量。

将武汉站的 GPS 可降水量与无线电探空可降水量进行比较，如图 5.12 所示。由图 5.12 可见，GPS 可降水量曲线与无线电探空可降水量曲线数值上接近，在发展趋势上也基本相同。两者的均值、均方根、相关性如表 5.6 所示。

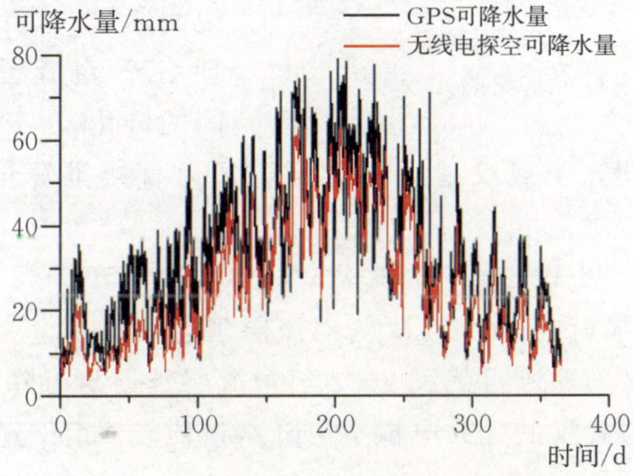

图 5.12　GPS 可降水量与无线电探空可降水量的比较

表 5.6　GPS 可降水量与无线电探空可降水量的比较结果

统计类型	结　果
均值/mm	5.73
均方根/mm	6.15
相关系数	0.924

经过与无线电探空可降水量的比较，武汉地区大气加权平均温度模型（$T_m = 170.76 + 0.382 \times T_s$），虽然与传统的 Bevis 模型在形式上存在一定的差异，在最终的效果和精度上，同样可以保证 GPS 可降水量在气象中的应用。

§5.7 对流层延迟与可降水量的直接转化

对流层延迟为 GPS 解算的直接结果，而可降水量则是间接产品，其经过了静力学延迟、湿延迟的转化，这其中包含有误差。如果将 GPS 对流层延迟直接应用于气象学领域，这可以减少中间过程的误差，这也是国际 GPS 气象研究的一个热点。

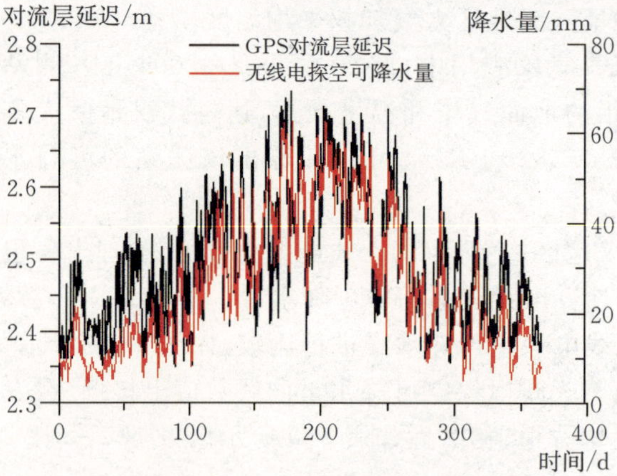

图 5.13 武汉站对流层延迟与无线电探空可降水量的比较

在缺少地面气象数据的时间段或没有地面气象数据的测站上，GPS 对流层延迟直接推算可降水量具有一定意义。

取武汉测站 2002 年的 GPS 对流层延迟与武汉地区的无线电探空数据进行比较，如图 5.13 所示。

计算武汉测站对流层延迟与无线电探空可降水量两者之间的相关系数，其相关性达到 0.899 1，说明通过一定的方法，可以直接实现 GPS 对流层延迟与可降水量之间的转化。

在第 4 章我们推算了武汉地区的对流层延迟直接推算可降水量的模型，模型为

$$PWV = -333.055 + 0.147 \times ZTD$$

式中，PWV 为可降水量，mm；ZTD 为对流层延迟，mm。

在此我们利用该模型进行武汉 2002 年对流层延迟与可降水量的转化，转化得到的可降水量结果与武汉的无线电探空可降水量比较，如图 5.14 和表 5.7 所示。

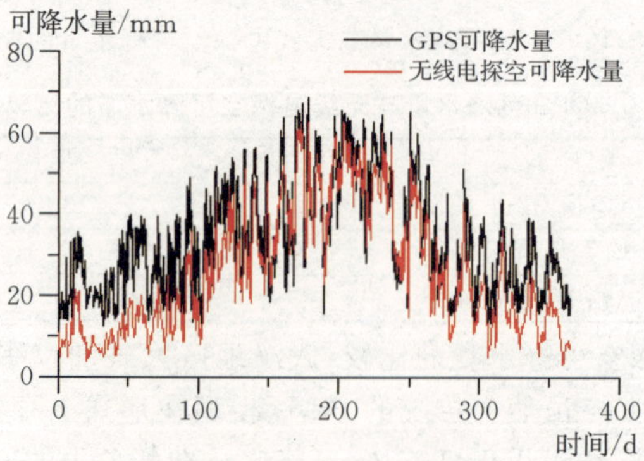

图 5.14 对流层延迟转化的可降水量与无线电探空可降水量的比较

表5.7　对流层延迟转化的可降水量与无线电探空可降水量的比较

统计类型	结　果
均值/mm	7.33
均方根/mm	9.49
相关系数	0.782

由图5.14和表5.7可见，GPS对流层延迟直接转化的可降水量，相对于传统方法（对流层延迟减去静力学延迟，再乘以湿延迟与可降水量的转化系数）GPS可降水量来说，精度上略差，但在特定的时间、特定的地方（在缺少地面气象数据的时间段或没有地面气象数据的测站），GPS对流层延迟直接推算可降水量还是具有很好的实用价值。

§5.8　基于不同气候类型的GPS可降水量

5.8.1　中国地壳运动监测网络的数据解算

本节将利用2000—2004年中国地壳运动监测网络数据进行不同气候类型的对流层延迟比较，采用GAMIT，国际GNSS服务提供的精密星历，GPS数据采样间隔30 s，时间为UTC时间00：00～24：00，对流层延迟按h估算。对2000—2004年中国地壳运动监测网络数据进行处理，提取各测站的对流层延迟时间序列。

5.8.2　国际GNSS服务对流层延迟序列及中国地壳运动监测网络解算结果的比较

1. 国际GNSS服务GPS站点对流层延迟序列

国际GNSS服务不仅提供精密、快速、快速预报等星历和GPS测站观测数据，还提供测站对流层延迟处理结果。国际GNSS服务提供了从1997年至2007年的对流层延迟解算结果，作者从国际GNSS服务网站下载了国内GPS站点对流层延迟，北京房山、拉萨、上海、武汉四个站点数据较连续，图5.15为国内GPS站点对流层延迟序列。

由图5.15可见，对流层延迟呈现明显的年周期变化趋势，在每年的开始和末尾对流层延迟处于低值，在年中时对流层延迟处于峰值。由于纬度、海拔的不同，北京房山、拉萨、上海测站的对流层延迟差别较大，上海与武汉测站对流层延迟接近是由于两者的纬度和海拔接近的缘故。

2. 中国地壳运动监测网络解算对流层延迟的可靠性比较

为了验证中国地壳运动监测网络估算的对流层延迟的正确性及精度，中国地壳运动监测网络包含多个国际GNSS服务GPS站点，国际GNSS服务提供的对流

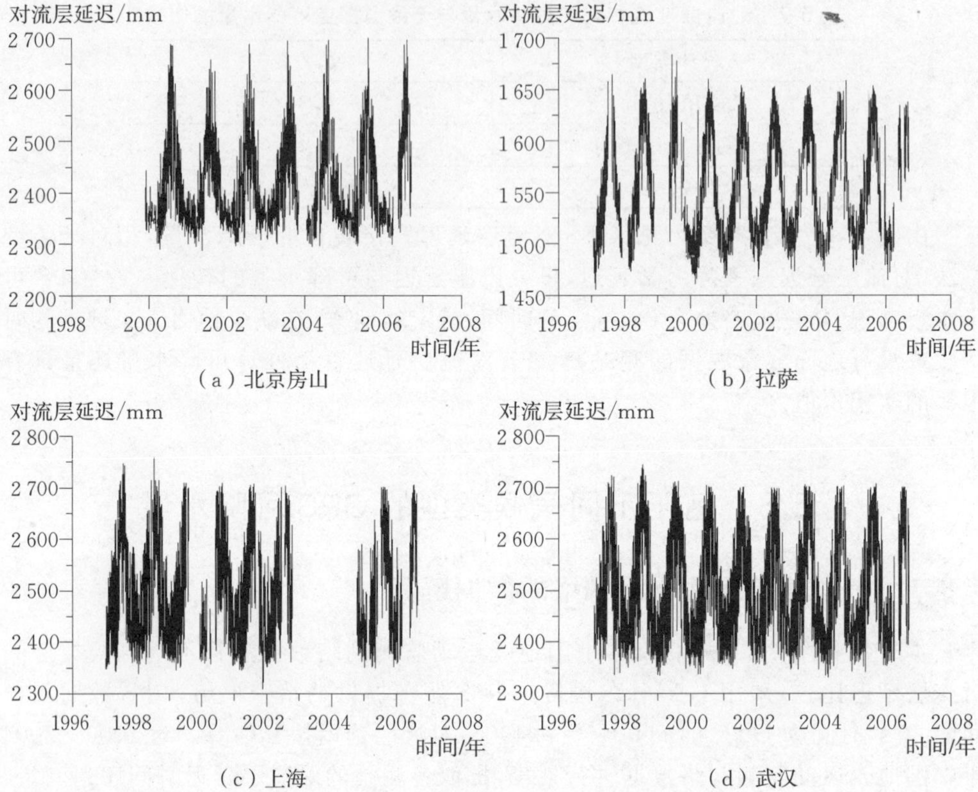

图 5.15　国际 GNSS 服务中国 GPS 站点对流层延迟

层延迟具有很好的精度，将解算的对流层延迟与国际 GNSS 服务提供的对流层延迟相比较，验证解算结果的正确性。图 5.16 为中国地壳运动监测网络与 IGS 对流层延迟的比较。

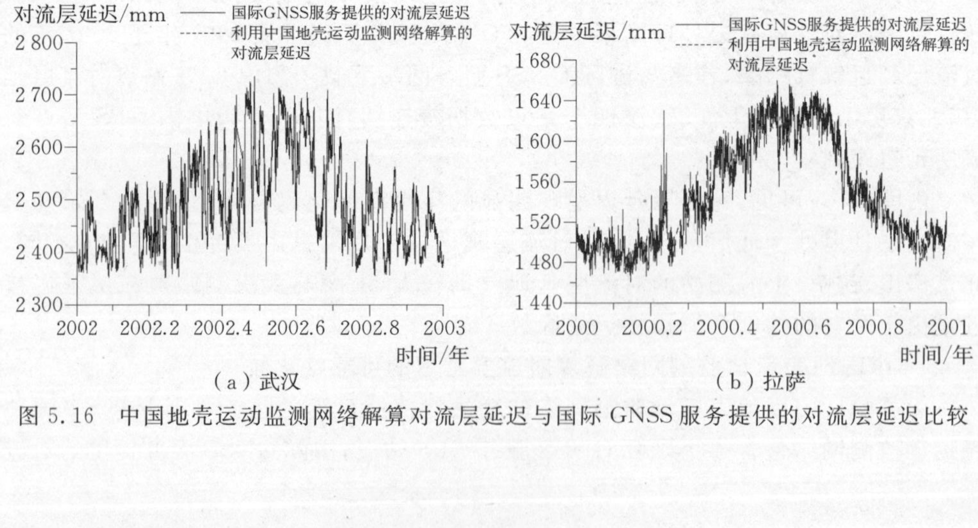

图 5.16　中国地壳运动监测网络解算对流层延迟与国际 GNSS 服务提供的对流层延迟比较

由图 5.16 可见，基于中国地壳运动监测网络的对流层延迟与国际 GNSS 服务提供的对流层延迟基本一致，说明基于中国地壳运动监测网络解算的对流层延迟是正确可靠的，可以用于气候变化研究。

5.8.3　不同气候类型的 GPS 可降水量

在提取解算的测站对流层延迟的基础上，获取中国地壳运动监测网络 GPS 站点的气压、温度数据，利用 Black 模型计算静力学延迟，由对流层延迟减去静力学延迟获得湿延迟，湿延迟乘以 0.15 即可获得相应的可降水量。

中国的气候类型可以分为五种类型，分别是热带季风气候、亚热带季风气候、温带季风气候、温带大陆性气候和青藏高原高寒气候。根据五种气候类型覆盖的区域范围，把中国地壳运动监测网络的 28 个 GPS 站点进行分类。分类情况如下(括号内的站点没有气象数据)：

热带季风气候：琼州(永兴岛)。

亚热带季风气候：泸州、武汉、上海、昆明、广州、厦门(武汉九峰、下关)。

温带季风气候：海拉尔、长春、北京房山、西安、盐池(哈尔滨、绥阳、北京十三陵、蓟县、泰安、郑州)。

温带大陆性气候：乌鲁木齐(塔什、乌什、鼎新)。

青藏高原高寒气候：德令哈、西宁、拉萨。

1. 热带季风气候

由图 5.17 可见，测站可降水量以年为周期变化，可降水量变化值为 20～70 mm，可降水量值在 50 mm 以上的时间占到一年时间的一半以上，可降水量序列的波形变化平缓，峰值持续时间长。热带季风气候的特点是全年高温，降水集中在 6～10 月。琼州测站可降水量的变化规律与热带季风气候的特点是吻合的。

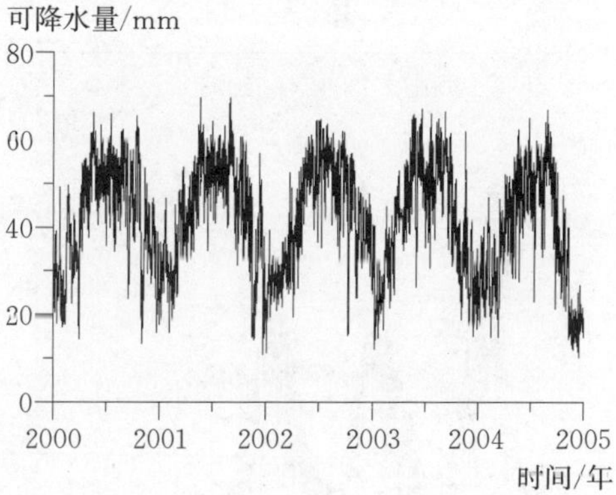

图 5.17　热带季风气候类型的 GPS 可降水量(琼州)

2. 亚热带季风气候

亚热带季风气候覆盖范围为北纬 25°～35°之间，中国地壳运动监测网络泸州、武汉、上海、昆明、广州、厦门(武汉九峰、下关)属于该气候类型。昆明与其他几个测站不同在于，它属于高海拔区域，高程接近 2 000 m。由于可降水量与高程关系密切，在纬度大致相当的情况下，可降水量与测站高程成反比，昆明测站的可降水量最大值只有 35 mm，远低于同气候区域的其他站的可降水量最大值 60 mm(见图 5.18)。

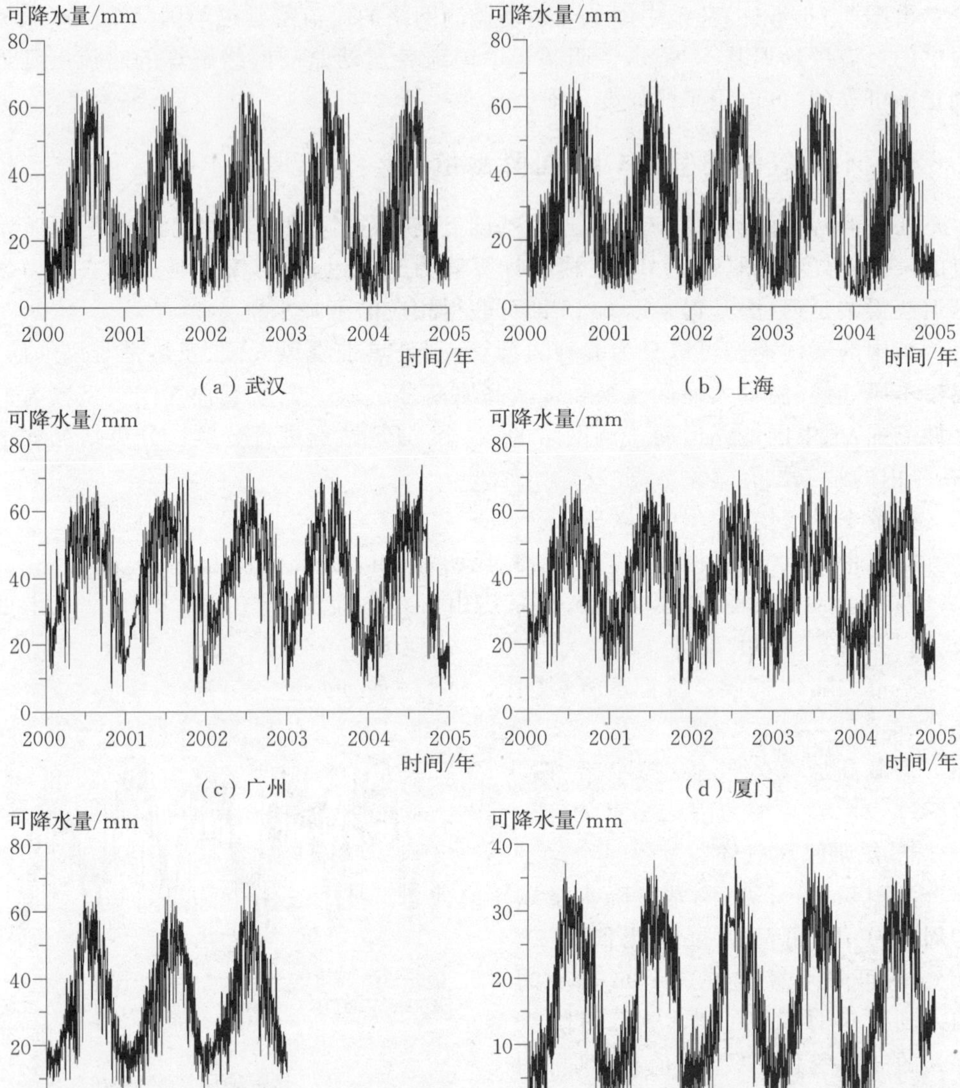

(a) 武汉 (b) 上海 (c) 广州 (d) 厦门 (e) 泸州 (f) 昆明

图 5.18 亚热带季风气候类型的 GPS 可降水量

亚热带季风气候的特点是冬季温暖，最冷月平均气温在 0℃以上；夏季炎热，最热月平均气温大于 22℃，气温的季节变化显著，四季分明。年降水量一般在 1 000～1 500 mm，夏季较多，无明显干季。由图 5.18 可见，亚热带季风气候类型的 GPS 可降水量序列的波形变化小，较为平缓，峰值持续时间长。亚热带季风气候地区的 GPS 可降水量序列与亚热带季风气候的特点相符合。

3. 温带季风气候

温带季风气候覆盖范围在北纬 35°～55°左右的亚欧大陆东岸，与热带、亚热带季风气候的可降水量相比，温带季风气候的可降水量较小，原因在于该区域的温度低于热带、亚热带，而纬度高于这两个区域。可降水量的大小与温度成正相关，与纬度成反相关（见图 5.19）。

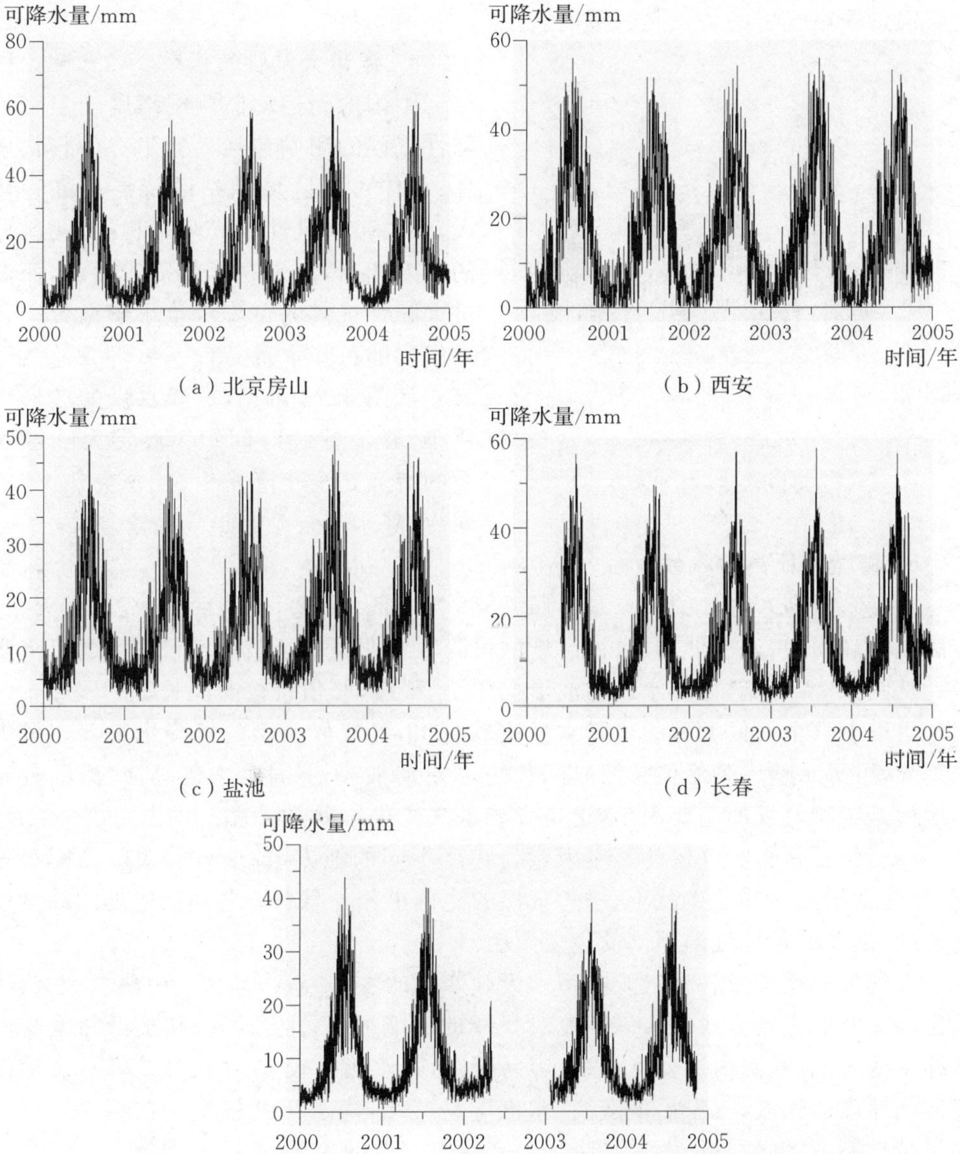

（a）北京房山

（b）西安

（c）盐池

（d）长春

（e）海拉尔

图 5.19　温带季风气候类型的 GPS 可降水量

温带季风气候的特点是冬季受来自高纬内陆偏北风的影响，盛行极地大陆气团，寒冷干燥；夏季受极地海洋气团或变性热带海洋气团影响，盛行东和东南风，暖热多雨，雨热同季。年降水量1 000 mm左右，约有三分之二集中于夏季。全年四季分明，天气多变，随着纬度的增高，冬、夏气温变幅相应增大，而降水逐渐减少。从图5.19可以看出，可降水量的波形变化大，峰值持续时间短，可降水量序列的变化与温带季风气候的特点是一致的。

4. 温带大陆性气候

中国地壳运动监测网络属于温带大陆性气候的测站包括乌鲁木齐（鼎新、塔什、乌什），该区域测站的特点是高程较大，与温带季风性气候测站相比，两区域的纬度相当，但是高程差别较大，因而温带大陆性气候的可降水量小于温带季风性气候的可降水量。

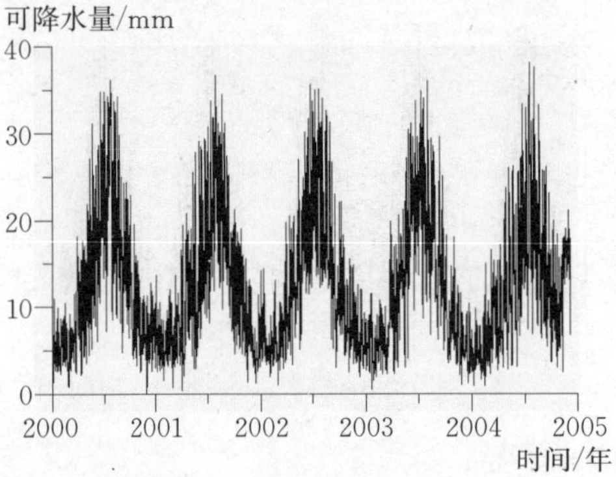

图5.20　温带大陆性气候类型的GPS可降水量（乌鲁木齐）

从图5.20可见，可降水量的波形变化小，峰值持续时间短。温带大陆性气候的特点是全年降水少，夏季炎热，冬季寒冷，降水年较差和年气温较差大。

5. 青藏高原高寒气候

青藏高原高寒气候的特点是日照强烈，气温低，变化大，降水稀少，地高天寒。该区域的高程大，温度低，导致该区域的可降水量明显低于其他气候区域的可降水量。从图5.21可见，可降水量的波形变化小，平缓，峰值持续时间长。

由以上五个气候类型的可降水量比较看出，各气候类型的可降水量存在较大的差异，可降水量序列峰值持续时间长短也差别很大。纬度、大气环流、海陆分布和地形是影响气候的主要因素，也是影响水汽变化的重要因素。

纬度位置是影响气候的基本因素。纬度不同的地方，各地方的太阳高度角不同，接受太阳光热的多少就不一样，气温的高低也相差悬殊。各地区所处的纬度位置不同，是造成各地气温不同的主要原因。

大气环流是形成各种气候类型和天气变化的主要因素，是大气中热量、水汽等输送和交换的重要方式。大气环流对气候的影响显著，上升气流和从低纬度流向高纬度的气流，气温由高变低，水汽容易凝结，降水机会较多；下沉气流和从高纬度流向低纬度的气流，气温由低变高，水汽不易凝结，降水机会就少。在不同气压带和风带控制下，气候特征尤其是降水的变化有显著的差异。

海陆分布改变了气温和降水的地带性分布。在海洋或近海的地区，气温的日变化和年变化较小，降水比较丰富，降水的季节分配也比较均匀，多形成海洋性气候。在相同的纬度，处于同一气压带或风带控制之下的地区，由于所处的海陆位置不同，形成的气候特征也不同。

地形的起伏能破坏气候分布的地带性。在同一纬度地带，地势越高，气温越低，降水在一定高度的范围内，是随高度的升高而增加。

从以上分析看出，中国地壳运动监测网络测站处于不同的气候区域，各气候区域的纬度、大气环流、海路分布、地形等存在较大的差别，这导致了不同区域气候类型的可降水量在数值上差别大，峰值变化时间长短也不同。

针对 2000—2004 年的中国地壳运动监测网络的 GPS 数据处理结果与相应的气象数据，采用可降水量进行不同气候类型的可降水量比较，得到以下结论：

(1)可降水量的大小与温度、高程、纬度有关，与温度变化趋势一致，与高程、纬度呈相反的关系。

(2)在不同气候类型的可降水量的比较中，青藏高原高寒地区的可降水量最低，温带大陆性气候的可降水量次之，温带季风气候的可降水量居中，热带季风气候的可降水量最高，亚热带季风气候的可降水量为次高。

(3)在可降水量序列的图形变化比较中，青藏高原高寒气候可降水量的波形变化小，平缓，峰值持续时间长；温带大陆性气候可降水量的波形变化小，峰值持续时间短；温带季风气候可降水量的波形变化大，峰值持续时间短；亚热带季风气候类型 GPS 可降水量序列的波形变化小，较为平缓，峰值持续时间长；热带季风气候可降水量序列的波形变化平缓，峰值持续时间长。

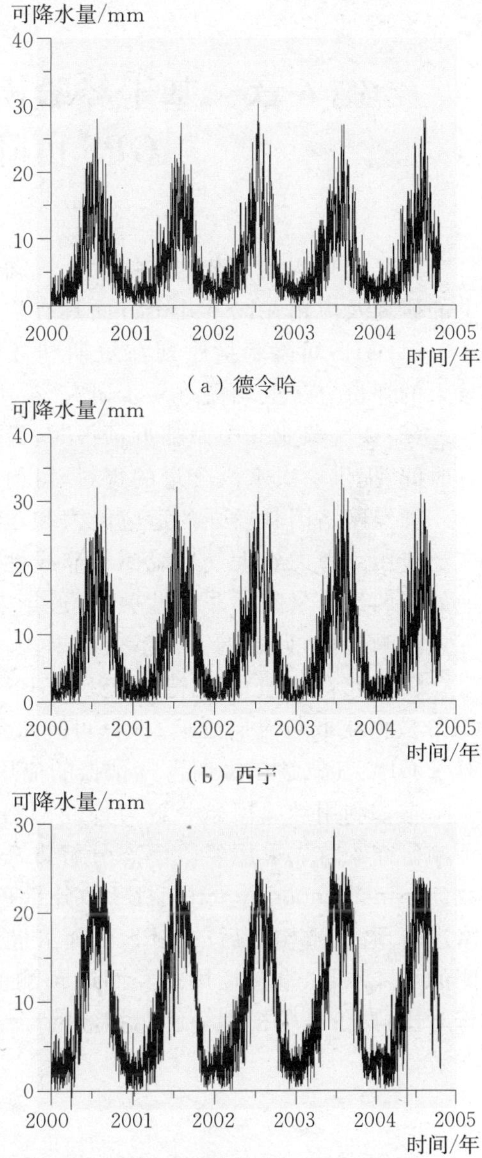

(a) 德令哈

(b) 西宁

(c) 拉萨

图 5.21　青藏高原高寒气候类型的 GPS 可降水量

第6章　基于经验模态分解与神经网络的GPS可降水量预测

天气变化构成复杂的非线性天气动力系统，GPS可降水量用于大气水汽探测中的研究及应用在以下几个方面具有广阔研究空间：

(1)GPS可降水量序列在短期和数值天气预报方面的应用，以及在改进预报效果的评价方法上均需进一步研究。

(2)在气象业务中做临近预报时，最好需要每隔10 min或15 min，即所谓“第一时间”提供一次水汽含量的资料，目前GPS可降水量的数据未能满足该需求。

神经网络因其较强的适应能力和学习能力，使之在非线性系统预测方面得到广泛应用。考虑到大气系统属于非线性较强的时间序列，神经网络模型可以较好地处理两组变量间的非线性关系，近年来，神经网络模型被引入非线性特性显著的气象预测领域，且取得了一系列成果。

GPS可降水量的获得需经历GPS数据与气象数据传输、高精度软件解算GPS数据获取对流层延迟、计算可降水量等过程，GPS可降水量快速、准确地获取对于GPS气象学在短期天气预报的应用具有重要的说服力。

本章利用经验模态分解与神经网络技术相结合的方法进行GPS可降水量的预测研究。首先采用经验模态分解方法将GPS可降水量分解成几个本征模态函数(intrinsic mode function，IMF)分量和一个趋势项，对每个分量分别运用神经网络进行预测，重构最后的GPS可降水量预测结果。将经验模态分解与神经网络预测的可降水量、直接运用神经网络预测的GPS可降水量与实测GPS可降水量进行对比，评价经验模态分解与神经网络结合的方法用于GPS可降水量短时预测的有效性。

§6.1　经验模态分解

6.1.1　经验模态分解理论

经验模态分解与希尔伯特(Hilbert)谱分析，统称为经验模态分析，也称为希尔伯特一黄变换(HHT)，1998年由黄锷先生提出(Norden et al，1998)。经验模态分解是把物理系统的实测序列(经验资料)分解为数目不多的本征模态函数分量和一个趋势项。逐级分离出本征模态函数分量后，最终剩下来的分量单调且光滑，称为趋势项(郑祖光 等,2010)。本征模态函数是黄锷在经验模式分解算法中定义的一类函数,由于经验模态分解能用几个内在的本征模态函数和一个剩余分量表示序列的频率结构特征和非平稳性,因此适用于非线性非平稳序列处理。

天气是一个典型的非平稳系统,其相关函数、功率谱等随时间变化而变化,时频分析方法是研究这类信号的有效手段。传统提取频谱均以傅里叶变换为理论依据,需要信号的整体时域信息,缺少时域定位。经验模态分解克服此不足,可较好克服将瞬时频率定义成解析信号相位的导数时产生的一些所谓"悖论"现象,在实际应用中表现出独特的优点。经验模态分解所获得的本征模态函数分量必须满足下列条件:

(1)对于该分量信号,信号局部极值点和经过零点数目必须相等,或最多相差一个点。

(2)在信号的任意一点上,局部的极大值点和极小值点所构成的两条包络线的平均值为零。

如何把一个非线性非平稳序列(信号)分解为有限个本征模态函数分量和一个趋势项是经验模态分解方法的关键技术问题之一,解决问题的方法是实施筛选过程,过程如下(郑祖光 等,2010):

(1)设原始信号 $x(t)$,根据经验模态分解算法把信号中所有的局部极大值用三阶样条曲线连接起来,得到上包络线,同理将局部极小值也连接起来,得到下包络线。用原信号 $x(t)$ 减去上下包络线的均值 m_1,生成一个新信号 h_1,即 $x(t)-m_1(t)=h_1(t)$。

(2)进行第一次筛选得到的 h_1 一般不符合本征模态函数分量的要求,那么第二次筛选就把 h_1 作为"原始"系列,重复第一次的筛选做法,得到 h_{11},即 $h_1-m_{11}=h_{11}$。一直筛选下去,如果第 k 次筛选的结果符合要求,就得到第一个 IMF 分量 C_1,即 $h_{1k}=h_{1(k-1)}-m_{1k}=C_1$。

(3)接下来把 C_1 从原序列中分离出去,对剩余的新序列进行上述的筛选过程,得到 $C_2,\cdots,C_n$。假设共找到 n 个本征模态函数分量和剩余分量(代表信号的趋势)。检查是否满足分解停止条件,若满足,则 $x(t)$ 等于 n 个本征模态函数分量和剩余分量之和,筛选结束的标准是本征模态函数分量或剩余分量足够小,或是剩余分量为一个单调函数。

为了减少筛选步骤,定义了 SD 参数,SD 表示为

$$\mathrm{SD}=\sum_{t=0}^{\mathrm{T}}\left[\frac{\left|h_{1(k-1)}(t)-h_{1k(t)}\right|^2}{h_{1(k-1)}^2(t)}\right],\ k=1,2,\cdots \tag{6-1}$$

当 SD 参数小于某个常数时就停止筛选,参数在 0.2 至 0.3 之间进行取值。还可以通过在筛选过程中进行判断,由于经验模态分解的算法采用的是三次样条插值拟合,故当信号的极大值个数或者极小值个数小于 2 就停止筛选。

HHT 的创新主要体现在:提出本征模态函数;提出经验模态分解。该方法的理论建立和方法完善尚有待进一步研究,例如,本征模态函数的描述定义有待提出具体的数学模型;通过三次样条进行拟合得到的本征模态函数信号的包络线,其合理性有待进一步论证;将任意信号分解为几个本征模态函数的经验模态分解方法,也有待理论论证的进一步完善(钟佑明 等,2002)。

6.1.2 基于 Matlab 的经验模态分解过程的实现

Matlab 语言具有其他高级语言所不具备的特点,它是“第四代”的计算机语言。与 Fortran 语言和 C 语言等第三代计算机语言一样,Matlab 语言使人们可以不进行繁重的程序代码的编写。只要简单地调用和使用 Matlab 中丰富的函数即可,同时 Matlab 还具有用户使用方便、交互性好、扩充能力强、语言简单、内涵丰富、矩阵运算方便、绘图功能强大等优点。本文采用 Matlab 编程实现经验模态分解的分解,图 6.1 为北京房山从 2000 年至 2004 年总计 5 年共 1826 天的日平均对流层延迟的经验模态分解图。该图验证了 Matlab 的经验模态分解的实现,可以看到图中从上至下依次为原始数据、本征模态函数 IMF1 到 IMF8、趋势项。从图中可以看出,从本征模态函数 IMF4 分量开始就呈现出一定的变化规律,本征模态函数 IMF6、IMF7、IMF8 变化规律已呈现出一定的周期性,对于本征模态函数 IMF6 除了 2001 年下半年和 2002 年上半年,其余的数据都呈现出很好的季节变化趋势,这可能与对流层数据整理时采用的插值方法有关,同时本征模态函数 IMF7 的年周期变化规律十分明显。

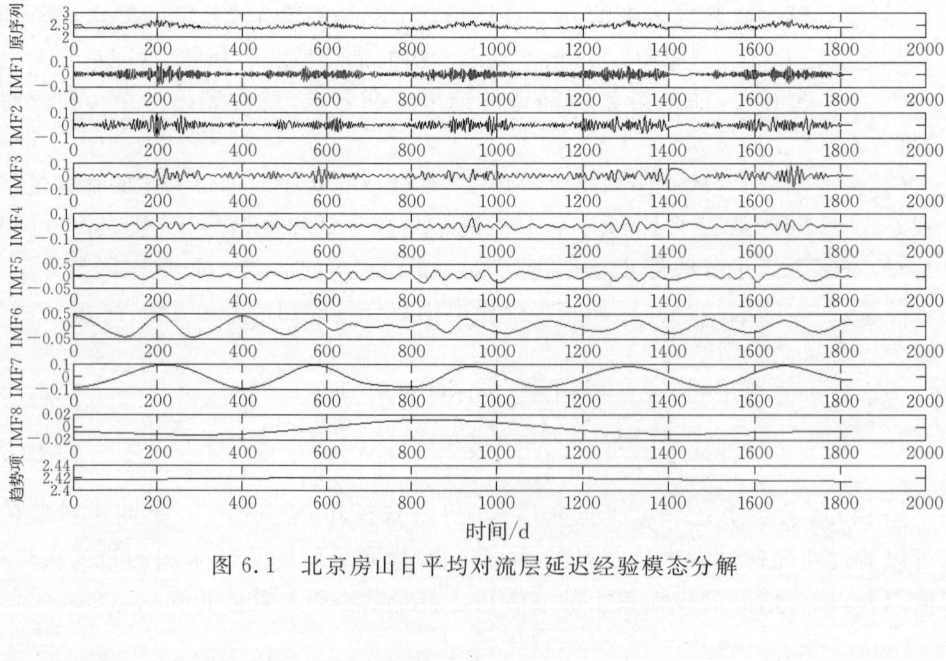

图 6.1 北京房山日平均对流层延迟经验模态分解

§6.2　经验模态分解的端点效应

根据上述的算法原理可以看出，经验模态分解过程中最关键的一步是通过三次样条插值对信号的极值点拟合包络线，由于三次样条函数要求信号两端的数据一阶或二阶导数作为其边界的已知条件，但在经验模态分解的分解过程中无法直接获得两端点对应的极值，会产生数据的拟合误差，也就导致了端点“飞翼”现象，就是所谓的端点问题。对数据进行延拓可抑制端点“飞翼”的现象，目前的延拓技术主要有神经网络延拓(Deng et al，2001)、基于正交多项式拟合算法(朱金龙 等，2006)、波形匹配(邵晨曦 等，2007；王婷 等，2009)等方法进行处理，从文献的结果看，效果得到了明显的改善。本文应用具有结构自使用、输入与初始权值无关等特性的径向基神经网络进行了端点问题的处理。

在现实世界中的数据序列都含有噪声，在选取的仿真信号中加入 SNR＝10 dB 的加性高斯白噪声。先直接对信号进行经验模态分解，然后再选取两种方法进行端点延拓后再进行经验模态分解，以对比对于短期数据序列经验模态分解产生的影响。

选取仿真信号

$$x(t)=0.7\cos\left(\frac{2\pi}{10}t\right)+0.8\cos\left(\frac{2\pi}{30}t\right)+\cos\left(\frac{2\pi}{60}t\right)+0.6\sin\left(\frac{2\pi}{180}t\right)+n(t),\quad t=[5,95] \tag{6-2}$$

其中，$x_1=0.7\cos\left(\frac{2\pi}{10}t\right)$，$x_2=0.8\cos\left(\frac{2\pi}{30}t\right)$，$x_3=\cos\left(\frac{2\pi}{60}t\right)$，$x_4=0.6\sin\left(\frac{2\pi}{180}t\right)$；$n(t)$ 为噪声。

即原始信号

$$x(t)=x_1+x_2+x_3+n(t) \tag{6-3}$$

图 6.2 为没有延拓的原始信号 $x(t)$ 进行经验模态分解得到的各阶本征模态函数分量与对应的真实信号。细线为本征模态函数分量，点线为真实信号。由图 6.2 可以看出，噪声作为本征模态函数分量 IMF1 被分解出来，其余分量与对应的真实信号趋势基本一致，在没有对原始信号延拓而直接进行经验模态分解，每个本征模态函数分量与真实信号比较，端部都出现了偏差，尤其是后三阶的 IMF 分量端部的偏差都比较大。

6.2.1　神经网络延拓法

本文采用的是具有结构自使用、输入与初始权值无关等特性的径向基神经网络，在 Matlab 中的神经网络工具箱中实现。选取仿真信号相邻的 15 个数据作为

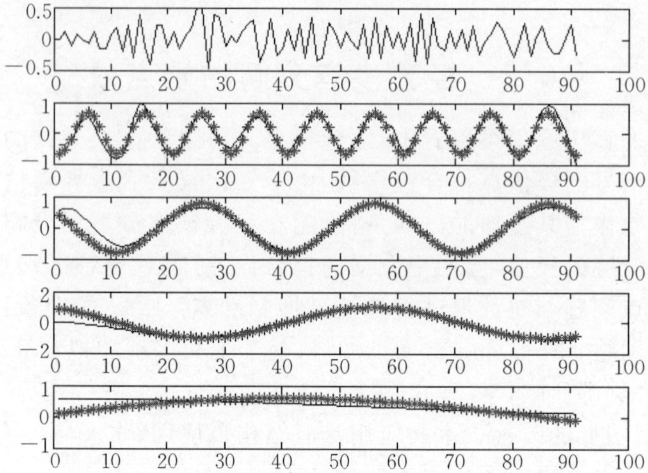

图 6.2 不延拓的各本征模态函数分量与真实信号

输入向量，与之相连的 12 个数据作为输出向量样本，即目标向量，这样就形成了一个训练样本，逐个循环，共生成 65 组样本。选取 60 组作为训练样本，选取 5 组为测试样本。具体过程如下：

通过≫nntool 命令激活 Network/Data Manager 窗口，如图 6.3 所示。一旦激活了 Network/Data Manager 窗口，就可以输入或者导入已有数据建立神经网络模型，并且对网络进行训练、仿真等。

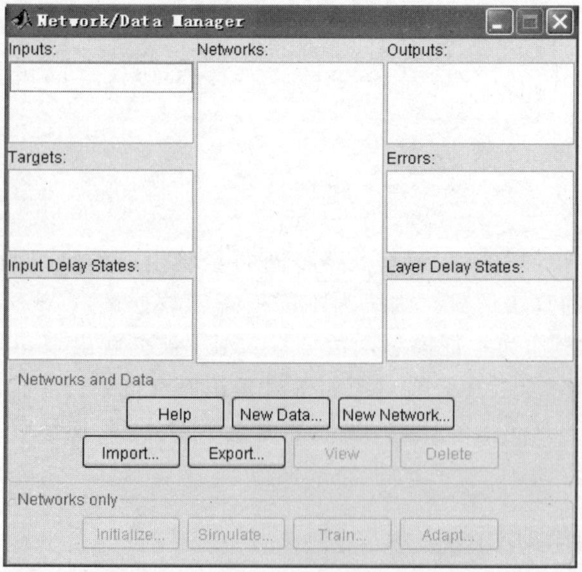

图 6.3 Network/Data Manager 窗口

首先输入或导入输入向量和目标向量，在输入向量和目标向量生成后，将分别显示在 Inputs 区域和 Targets 区域。然后创建神经网络模型，包括设置网络名称、类型以及输入输出向量的范围、各种参数等。文中选取的径向基网络类型，网络创建完成后，通过设置 spread 取 1～10 来对网络进行训练，训练过程中，即构造了 10 个径向基网络，选取与测试样本偏差最小的网络对数据进行延拓。

确定好网络后，在数据的两端分别延拓出一个极大值和最小值，与原数据序列连接起来形成新序列。对于径向基神经网络的预测精度，要注意散步函数的选择，因为散步常数 spread 与网络的输出图形有很大关系，spread 较大，则所覆盖的输出区域较大；spread 较小，径向基函数曲线就要相对陡一些（董长虹，2005）。实际运用中要反复调试，以确定合适的散步常数。图 6.4 为经神经网络延拓后的信号进行 EMD 分解得到的各阶 IMF 分量与对应的真实信号。细线为 IMF 分量，点线为真实信号。

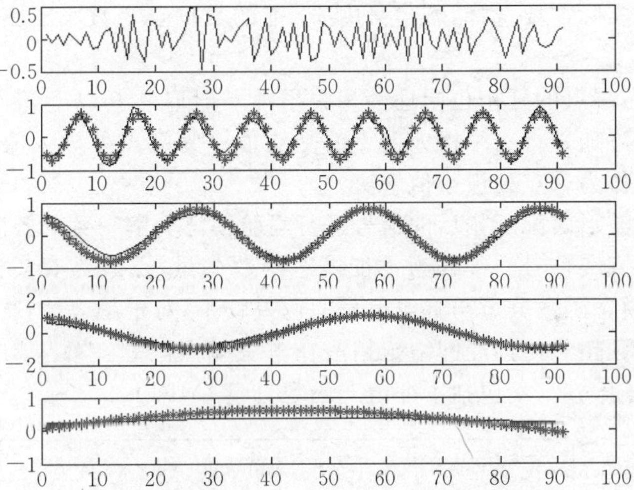

图 6.4　神经网络延拓的各本征模态函数分量与真实信号

从图 6.4 可以看出，经过神经网络延拓后在进行经验模态分解的各本征模态函数分量与真实信号的偏差明显减小，后三个本征模态函数分量的端部吻合情况相对于直接进行经验模态分解的端部吻合情况有明显改善，特别是对于趋势线较好的吻合程度，说明神经网络延拓法在解决端点问题上效果是显著的。

6.2.2　波形匹配延拓法

对于基于波形匹配思想的经验模式分解端点效应抑制方法的主要依据是信号波形的匹配追踪。波形匹配追踪的基本思想是，寻找信号中与端点处波形最匹配（最相似）的波形进行数据延拓，从而获得采样区间外若干信号局部极值点。对新数据进行 EMD 分解就可将端点效应释放至延拓区，然后截去延拓部分就能够得到对原始信号的精确分解(邵晨曦 等,2007;高强 等,2008)。

波形匹配延拓具体算法如下,设原始信号为 $x(t)$:

(1)从左到右标记信号 $x(t)$ 的所有极大值点依次为 $M_1, M_2, \cdots, M_K$,对应时间序列 $T_{M1}, T_{M2}, \cdots, T_{Mk}$,所有极小值点为 $N_1, N_2, \cdots, N_K$;对应时间序列 $T_{N1}, T_{N2}, \cdots, T_{Nk}$,记信号 $x(t)$ 左端点为 x_1,对应时间序列 T_1。从 x_1 到 N_1 的这段波形记为 ω_1,设其长度为 N,从 x_1 到 M_1 的长度记为 M(假设先有极大值后有极小值),即 $N > M$。

(2)令波形 ω_1 以 T_{M1} 为参考点在 $T_{M2}, \cdots, T_{Mk}$ 中向右移动,所移之处 T_{M1} 分别与 $T_{M2}, \cdots, T_{Mk}$ 重合,分别计算 ω_1 与其重合的相同长度的波形的相关系数。

(3)取相关系数最大时所对应波形为最相似匹配波形,记此时 M_1 所对应的局部极大值 M_p,然后计算出 M_1 与 M_p 的差值 η,则 x_1 对应的时间序列应为 $T_p = T_{Mp} - (T_{M1} - T_1)$,自时间序列 T_{p-1} 的实际波形数据逐次的加上差值 η 向左延拓,延拓长度根据实际需要选择,若信号中 x_p 前的数据点个数小于实际需要,则反复延拓。

(4)信号右端点的延拓也同理。相关系数一般取 0.9 以上,若不满足要求,可直接在端点处添加邻近三个极大值点的平均值作为端点处极大值,邻近三个极小值点的平均值作为端点处极小值解决。

图 6.5 为波形匹配延拓后的信号进行经验模态分解得到的各阶本征模态函数分量与对应的真实信号。细线为本征模态函数分量,点线为真实信号。由图 6.5 可见,各本征模态函数分量与真实信号的偏差较小,对于趋势线,吻合程度也很好,说明波形匹配延拓法与神经网络延拓法在解决端点问题上效果均显著的,结果比较参见表 6.1、表 6.2(不包括本征模态函数分量 IMF1)。

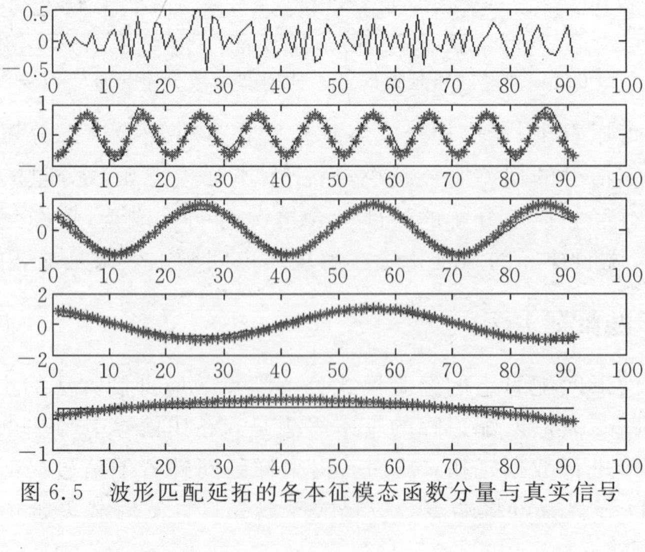

图 6.5 波形匹配延拓的各本征模态函数分量与真实信号

表 6.1　相关性对比

方法	IMF2	IMF3	IMF4	趋势项
直接经验模态分解	0.719	0.961	0.925	0.43
神经网络延拓后经验模态分解	0.955	0.984	0.983	0.97
波形匹配延拓后经验模态分解	0.953	0.976	0.985	0.962

表 6.2　均方根误差对比

方法	IMF2	IMF3	IMF4	趋势项
直接经验模态分解	0.221	0.168	0.102	0.222
神经网络延拓后经验模态分解	0.126	0.134	0.077	0.12
波形匹配延拓后经验模态分解	0.175	0.154	0.091	0.112

从图 6.4、图 6.5 以及表 6.1、表 6.2 可见，神经网络延拓和波形匹配延拓均能很好的解决端点问题，两种解决端点效应的方法其分量与真实信号的相关性都达到 0.95 以上，这两种延拓方法得到的分量与真实信号的均方根最大为 0.175，均比直接进行经验模态分解的相关性高、均方根小，其中基于神经网络的延拓方法的相关性较高、均方根较小。

§6.3　径向基神经网络

6.3.1　人工神经网络

人工神经网络（artificial neural network，ANN）简称神经网络（neural network，NN），是由人脑的神经生理结构抽象而来的，是对生物神经网络系统的抽象和模拟。从数学角度来看，它是一个数学模型，能用电子线路或计算机来实现和模拟人的自然智能。人工神经网络是一种“仿造”人脑信息处理方法的非线性系统，因此在功能上具有较强的处理非线性问题的能力，具有某种智能特点。由于这些优点，人工神经网络近年来广泛应用于建模、时间序列分析、模式识别和控制等领域。

人工神经网络具有很强的自学习自适应性，善于联想、概括、类比和推广，可以在信息不全的情况下进行学习训练，对已知信息进行总结和推论，找出自变量和因变量间的潜在关系（高隽，2005）。此外，人工神经网络的特点主要有：

(1)人工神经网络的信息存储和处理是合二为一的，即信息的存储体现在神经元互联的分布上，这与传统的计算机的存储和计算是独立的相比，克服了存储和计算间的瓶颈。

(2)人工神经网络具有较强的容错性，即在有少数神经元或连接受到破坏或丢失，以及某个神经元的输入有偏差时，都不会对整体的功能和网络性能造成很大影响。

(3)人工神经网络具有很强的学习功能，自学习、自组织与自适应特征有助于神经网络的联想和推广运用。

(4)神经网络是大规模的自适应非线性动力系统，具有集体运算的能力。即人工神经网络具有非线性映射能力，可以不需要准确的数学模型就能从输入和输出信息中抽取规律来获得关于对象的知识，进行知识的处理。

(5)人工神经网络的计算速度快并且精度高，它是由很多个很小的处理单元(神经元)相互连接而组成的，具有大规模并行处理的能力、信息分布式存储的特性，这一特点使人工神经网络具有非常强的实时性。

很多传统方法无法解决的问题成为神经网络最擅长的领域，如信息处理领域中的信号处理、模式识别以及数据压缩；自动化领域中的系统辨别、神经控制器和智能检测；以及工程领域及经济领域，神经网络均发挥着重要作用。

6.3.2 径向基神经网络模型

径向基神经网络由于具有收敛速度快，可以逼近任意的非线性函数等优点，成为在非线性控制、时间序列分析和图像处理等领域应用较为广泛的一类人工神经网络。

从结构上看，径向基神经网络属于多层前向神经网络，具有最佳逼近性及全局逼近性。径向基网络结构具有输出权值的线性关系，保证训练方法快速易行，不存在局部最优的问题。典型的径向基神经网络结构为三层：第一层是输入层，组成成分为信号源节点；第二层是隐含层，其个数是由所描述的问题决定，其中，隐单元的变换函数是一个对中心点径向对称的非线性非负的函数；第三层是输出层，用于对输入矢量做出响应。

径向基函数的神经元传递函数常见形式是高斯函数 radbas。神经元 radbas 函数是输入向量 p 和权值 w 之间的距离乘以 b。径向基传递函数可表示为

$$\mathrm{radbas}(n) = \mathrm{e}^{-n^2} \tag{6-4}$$

径向基网络具有很好的局部逼近能力。阈值 b 用于调节径向基神经元敏感度。当 $n=0$ 时，径向基函数最大输出值是 1，即输入信号受径向基函数的影响产生局部响应，当减小权值向量 w 和输入向量 p 之间的距离时，径向基函数的输出增加。当输入的函数信号 n 靠近函数的中心范围时，隐含层的节点输出变大。

6.3.3 径向基网络的工作原理

输入信号传递到隐层，隐层的节点函数为高斯函数，输出层的节点函数通常都是简单的线性函数，假如隐层有 S_1 个神经元，那么输出层为 S_2 个神经元。当输入向量加到网络输入端时，径向基的每个神经元都会输出一个值，代表着输入和神经

元权值之间的近似程度。也就有这样的对比关系：

(1)如果输入与神经元权值相差比较大,那么径向基层的输出则接近 0,所以第二层的线性神经元的输出值也接近 0。

(2)如果输入与神经元权值相差比较小,那么径向基层的输出则接近 1,经过第二层的线性神经元的输出值就更接近第二层的权值。

这个过程如果输出为 1 的只有一个径向基神经元,其他所有的神经元输出为 0 或近似为 0,这种情况下线性神经元层的输出就相当于是所对应的第二层输出为 1 的神经元的权值。通常情况下,都不能仅有一个径向基神经元的输出是 1,那么对应的输出值也会有所不同。如第一层的神经元的网络的输入等于加权输入乘以相应阈值,然后利用神经元函数 radbas()计算出第一层神经元的网络输出。输入向量和权值向量之间的距离用加权输入表示,可以利用 dist()计算。如果神经元的权值向量等于输入向量,即加权输入是 0,则第一层网络输入也为 0,那么第一层的输出也就是 1;如果神经元的输入向量和权值向量间的距离刚好是散步函数 spread 值,则加权输入为 spread,网络输入则为 0.832 5,那么第一层的神经元输出就为 0.5。

6.3.4　径向基神经网络的学习算法

径向基网络有多种学习过程,最常用的有四种：自组织选取中心法,正交最小二乘法,监督选取中心法和随机选取中心法。这里以自组织选取中心法为例,这种方法由自组织学习部分和有监督学习部分组成。具体的学习过程(高隽,2005)包括以下二个阶段。

1. 径向基神经网络学习中心

在自组织学习的阶段需要使用聚类算法，经常用的聚类算法为 K- 均值聚类算法。我们假设有 I 个聚类中心(I 值是通过先验知识来决定的),设 $t_i(n)(i=1,2,\cdots,I)$ 是第 n 次迭代时基函数的中心,K- 均值聚类算法的步骤如下：

(1) 进行聚类中心的初始化,也就是通过经验从训练样本集随机地选取 I 个不同样本当做初始中心 $t_i(0)(i=1,2,\cdots,I)$,设迭代的步数 $n=0$。

(2) 随机输入样本 X_k。

(3) 找到离训练样本 X_k 距离最近的那个中心点,也就是找到 $i(X_k)$,使其满足

$$i(X_k)=\arg\min_i\|X_k-t_i(n)\|,\ i=1,2,\cdots,I \tag{6-5}$$

式中,$t_i(n)$ 是第 n 次迭代时基函数的第 i 个中心。

(4)应用下式调整中心。

$$t_i(n+1)=\begin{cases}t_i(n)+\eta[X_k(n)-t_i(n)], & i=i(X_k)\\ t_i(n), & \text{其他}\end{cases} \tag{6-6}$$

(5)判断是不是学完了所有的训练样本,判断中心的分布是不是不再变化,是则停止,否则令 $n=n+1$,转到第(2)步。

最终得到的 $t_i(i=1,2,\cdots,I)$,也就是径向基网络最终的基函数中心。

2.径向基函数方差

中心只要学完后就不再变化了,然后确定径向基函数的方差。径向基网络使用高斯函数,即

$$G(\|X_k-t_i\|)=\exp-\left(\frac{1}{2\sigma_i^2}\|X_k-t_i\|^2\right),\ i=1,2,\cdots,I \tag{6-7}$$

方差可计算如下

$$\sigma_1=\sigma_2=\cdots=\sigma_I=\frac{d_{\max}}{\sqrt{2I}} \tag{6-8}$$

式中,I 为隐单元个数,$d_{\max}$ 为所选的中心之间的最大距离。

3.权值学习

权值学习能通过最小二乘(least mean square,LMS)方法,算法步骤如下:

(1)进行变量以及和参量设置:$X(n)=[1,x_1(n),x_2(n),\cdots,x_m(n)]$ 是输入向量,也可以称为训练样本;$W(n)=[b(n),w_1(n),w_2(n),\cdots,w_m(n)]$ 是权值向量。其中,$b(n)$ 为偏差;n 为迭代次数。

(2)进行初始化过程,赋给 $w_j(0)$ 各一个比较小的随机的非零值,$n=0$。

(3)对输入样本 $X(n)=[1,x_1(n),x_2(n),\cdots,x_m(n)]$ 和相对应的期望输出 d,计算

$$e(n)=d(n)-\boldsymbol{X}^{\mathrm{T}}(n)W(n) \tag{6-9}$$

$$W(n+1)=W(n)+\eta X(n)e(n) \tag{6-10}$$

(4)判断误差是不是小于设定值,或者权值变化是否很小,若满足,那么结束算法;如若不满足,将 $n=n+1$ 返回到第(3)步重新进行计算。需注意,在实际应用过程中应该设定最大的迭代次数,以防进入死循环。

最小二乘算法需注意以下两点:一是最小二乘算法的输入就是径向基网络隐层的输出;二是径向基网络的输出层神经元只是简单的对隐层的神经元输出进行加权求和,因此径向基网络实际的输出为

$$Y(n)=G(n)W(n) \tag{6-11}$$

其中

$$Y(n)=\{y_{kj}(n)\},\ k=1,2,\cdots,N;\ j=1,2,\cdots,J \tag{6-12}$$

其实进行权值学习除了LMS方法,也可以用伪逆方法,即

$$W=G^+D \tag{6-13}$$

式中,$\boldsymbol{D}=[d_1,\cdots,d_k,\cdots d_n]^{\mathrm{T}}$ 为期望响应,G^+ 为 G 的伪逆

$$G^+=(\boldsymbol{G}^{\mathrm{T}}G)^{-1}\boldsymbol{G}^{\mathrm{T}} \tag{6-14}$$

矩阵 $\boldsymbol{G}$ 可以由下式计算确定

$$\boldsymbol{G}=\{g_{ki}\} \tag{6-15}$$

$$g_{ki}=\exp\left[-\frac{1}{d_{\max}^{2}}\|X_k-t_i\|^2\right],\ k=1,2,\cdots,N;\ i=1,2,\cdots,I \tag{6-16}$$

权矩阵 $\boldsymbol{W}$ 可表示为

$$\boldsymbol{W}=\{w_{ij}\},\ i=1,2,\cdots,I;\ j=1,2,\cdots,J \tag{6-17}$$

应用自组织选取中心学习算法需要注意以下几点：

(1)判断 K-均值聚类算法是否终止的条件：一是看网络是否学完所有的训练样本；二是看是否中心的分布不再变化了。在应用时，前后两次中心的变化小于事先设定的 ε 值即 $|t_i(n+1)-t_i(n+1)<\varepsilon,\ (i=1,2,\cdots,I)|$，就可以认为中心的分布不再变化了。

(2)实际应用时，除了选取高斯函数作为"基函数" $\phi(X,X_i)$

$$\varphi(r)=\exp\left(-\frac{r^2}{2\sigma^2}\right),\ \sigma>0;\ r\in R \tag{6-18}$$

也可选用多二次函数和逆多二次函数，这两个函数均对中心径向对称，表达式分别如下

$$\varphi(r)=(r^2+c^2)^{1/2}\quad c>0;r\in R \tag{6-19}$$

$$\varphi(r)=\frac{1}{(r^2+c^2)^{1/2}},\quad c>0;r\in R \tag{6-20}$$

(3)应用自组织选取中心法对所有的基函数设置的方差都是相同的，用式(6-4)进行计算，但实际每一个基函数都有它们自己的方差，这需要在训练过程中根据实际的情况确定。

6.3.5 神经网络的时间序列分析

用神经网络进行时间序列预测，就是利用神经网络去逼近一个时间序列。实际应用时，用时间序列的前 k 个值 $X_n,X_{n-1},X_{n-2},\cdots,X_{n-k+1}$ 预测接下来的 m 个值 $X_{n+1},X_{n+2},\cdots,X_{n+m}$，用下式表达

$$X_{n+m}=F(X_n,X_{n-1},X_{n-2},\cdots,X_{n-k+1}) \tag{6-21}$$

即是对神经网络进行函数 F 的拟合，用它来推导需要预测的值。当 $m=1$ 时，称为一步预测，即网络输出个数为 1；当 $m>1$ 时，称为多步预测，每次可预测多个预测值，预测过程中可以将已经得到的预测值作为下一次预测输入，计算出预测值，进行迭代式的多步预测。

多次试验选取合适的数据序列后，接下来需进行训练样本的选择，目前存在的问题是若样本容量少，则规律不明显，学习效果不理想；若样本容量大，则计算计算过程冗繁，对此，我们需要进行备选方案的试验，以选取最合理的样本。

在整个过程中,散步常数 spread 与网络的输出图形有很大关系,我们要注意散步常数 spread 的选择,尽量根据每个样本训练时取 spread 值从 1 到 10 进行调试,根据得到的模拟样本与目标向量的偏差,选取偏差最小的网络所对应的散步函数为最合适的散步常数,进行相关的预测。

以上工作均在 Matlab 神经网络工具箱的平台上完成。

§6.4 基于仿真信号的预测分析

针对加入噪声的仿真信号式(6-2),对在进行神经网络延拓法和波形匹配延拓法后经过经验模态分解得到的各个分量、原数据分别进行径向基函数神经网络预测,然后对每一种延拓方法的各个分量预测值进行重构,与直接进行神经网络预测的预测值进行对比,得到基于经验模态分解与神经网络的预测值和直接进行神经网络的预测值分别与真实数据的偏差。从表 6.3 可以看出基于神经网络的延拓的效果最好,平均误差达到 0.45。

表 6.3 数据对比

序号	直接预测误差	神经网络延拓误差	波形匹配延拓误差
1	2.1	0.164	0.053
2	1.256	0.386	0.006
3	2.002	0.219	0.208
4	3.389	0.136	0.133
5	2.878	0.273	0.159
6	1.656	0.271	0.515
7	1.611	0.389	0.991
8	1.886	0.455	0.845
9	1.445	1.06	1.883
10	2.25	1.18	2.333
11	1.682	0.709	1.771
12	3.171	0.153	1.137
均值	2.073	0.45	0.836

经过神经网络延拓和波形匹配延拓(即经经验模态分解)后再预测的结果明显好于直接预测的结果,虽然个别值的误差较大(如表 6.3 中的第 9 点),但两种方法的大多数单个误差均高于直接预测的结果,而且两种方法达到的最大误差不超过 2.4,直接预测的最大误差达到了 3.17。可以看出基于神经网络延拓的方法,不管是表 6.1、表 6.2 中经验模态分解过程中的端点问题解决后,各本征模态函数分量和趋势项与真实信号的相关性、均方根,还是表 6.3 中预测再重构的最终序列与真实信号的差值,效果都是最好的,可以说在解决端点问题上找到一种很好的方法,将神经网络延拓法应用到 GPS 可降水量序列。

§6.5　基于经验模态分解与神经网络的 GPS 可降水量预测

6.5.1 可降水量预测流程

以秦皇岛的 GPS 观测资料及气象资料作为研究对象，利用经验模态分解与神经网络技术相结合进行 GPS 可降水量的预测，GPS 可降水量预测流程如下：

(1)GPS 可降水量序列的解算，该过程由 GAMIT 解算 GPS 观测数据反演对流层延迟，并结合气象要素得到测站 GPS 可降水量序列。

(2)对 GPS 可降水量序列进行经验模态分解。先解决经验模态分解中的端点问题，然后利用经验模态分解方法对 GPS 可降水量时间序列进行分解，产生多个本征模态函数及趋势项。

(3)基于经验模态分解和神经网络的 GPS 可降水量序列预测。对各个本征模态函数分量及趋势项分别用神经网络进行预测，所有的预测值重构出信号的预测序列，该过程还需考虑预测时效问题，最大限度地满足气象业务的需要。

(4)基于经验模态分解与神经网络预测的 GPS 可降水量序列的检验。通过与单一的神经网络预测的 GPS 可降水量序列进行比较，检验经验模态分解与神经网络预测的 GPS 可降水量序列的可靠性。

6.5.2　GPS 可降水量经验模态分解及端点效应去除

基于 2007 年 7 月 27 日 15:00 到 7 月 28 日 15:00 期间 GPS 可降水量，采样率为 15 min，秦皇岛 GPS 可降水量的经验模态分解结果如图 6.6 所示，其中(a)为无端点处理的经验模态分解结果；(b)为经过端点处理的经验模态分解结果。

由图 6.6 可见，径向基函数神经网络端点处理的 IMF3 有明显改善，IMF3 的频率更加稳定有规律，同时 IMF2 也变得更稳定，经端点处理的经验模态分解结果对于神经网络的预测提供了规律性很好的学习样本。

6.5.3 经验模态分解与神经网络预测 GPS 可降水量

实验数据为秦皇岛 2007 年 7 月 GPS 可降水量序列，该序列可以通过 GAMIT 处理 GPS 数据结合气象数据获得，通过设置对流层延迟解算数目，可以每 15 min 计算一个对流层延迟。图 6.7 为 1 h 与 15 min 的 GPS 可降水量比较，由图 6.7 看出，相对于 1 h 的 GPS 可降水量，15 min 的数据更能表现 GPS 可降水量的细节变化。

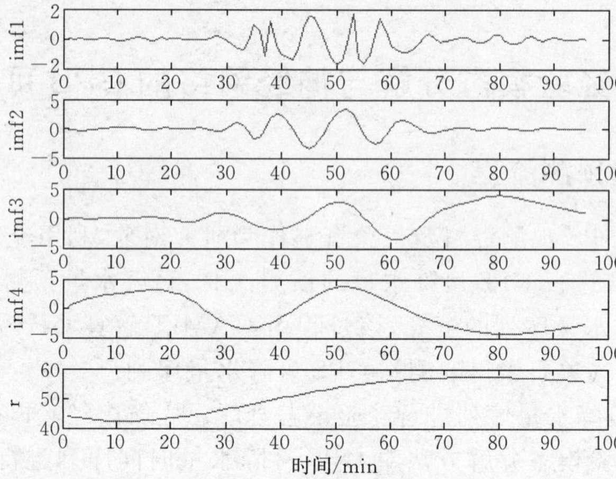

(a) 无端点处理

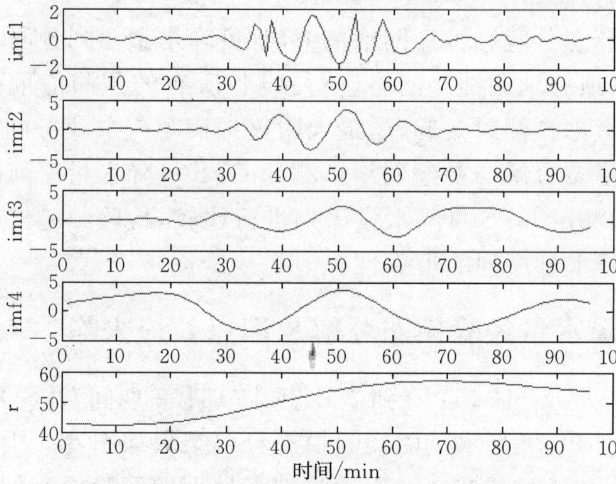

(b) 经过端点处理

图 6.6　经验模态分解 GPS 可降水量

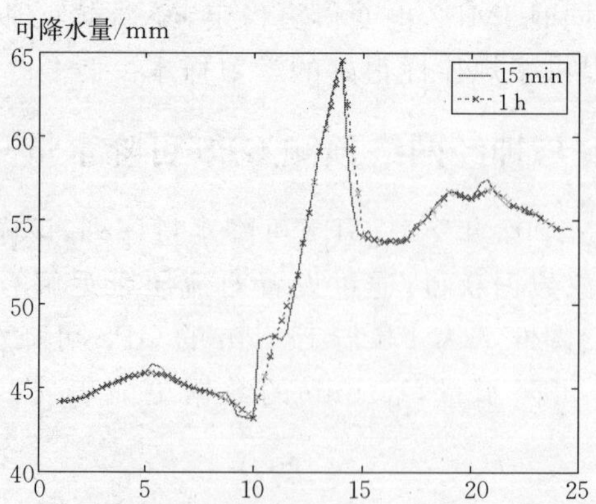

图 6.7　15min 与 1 h 的 GPS 可降水量比较

选取变化较大和变化较小的两组 GPS 可降水量进行经验模态分解与径向基神经网络预测，两组数据时间分别为 2007 年 7 月 27 日 15:00 至 7 月 28 日 15:00（变化较大），2007 年 7 月 16 日 0:00 到 7 月 17 日 0:00（变化较小）。

基于经验模态分解与径向基神经网络的 GPS 可降水量预测过程如下：

(1)采用经验模态分解将选取好的并经过端点问题处理的 GPS 可降水量序列分解为不同尺度的本征模态函数和趋势项，各本征模态函数分量包含信号从高频到低频的不同频率段的平稳成分。预测样本选取的是 24 个小时的可降水量数据，采样频率为 15 min，共 96 个数据。

(2)将各本征模态函数分量、趋势项和 GPS 可降水量数据分别进行径向基神经网络预测。为考虑预测时效问题，分为输出 12 个和 8 个神经元两种网络模型。对于输出为 12 个神经元的网络模型，样本的 96 个点，依次取 15 个点作为网络输入，紧接着的 12 个点作为网络输出，形成 70 组样本，前 50 组为训练样本，后 20 组为检验样本；对于输出为 8 个神经元的网络模型，依次取 15 个点作为网络输入，紧接着的 8 个点作为网络输出，形成 74 组样本，前 54 组为训练样本，后 20 组为检验样本。由于散步函数与输出图形关系密切，每个数据序列所采用的散步函数有所不同，实际应用中要根据样本的不同反复调试，找到合适的散步函数，从而达到最佳预测效果。

(3)用各分量的预测值重构出 GPS 可降水量预测序列。

6.5.4 可降水量预测时效分析

为验证经验模态分解与神经网络方法用于 GPS 可降水量预测结果的可靠性，将经验模态分解与神经网络预测的 GPS 可降水量和直接应用神经网络进行预测的 GPS 可降水量序列、实际的 GPS 可降水量数据进行对比。图 6.8 至图 6.11 分别为变化较小 GPS 数据的 2 h GPS 可降水量、变化较大 GPS 数据的 2 h GPS 可降水量、变化较小 GPS 数据的 3 h GPS 可降水量和变化较大 GPS 数据的 3 h GPS 可降水量比较。

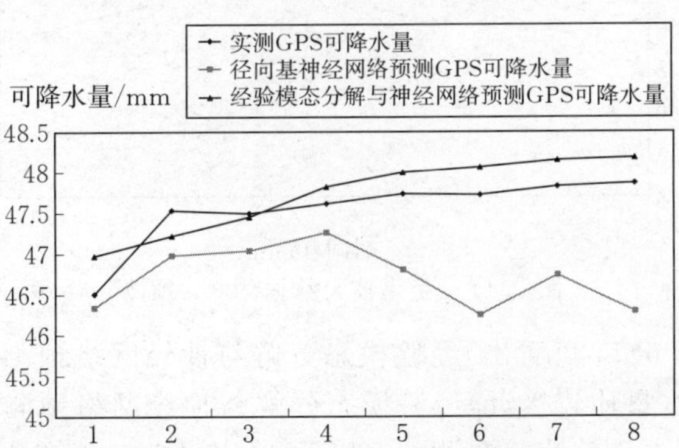

图 6.8　变化较小数据的 2 h 预测比较

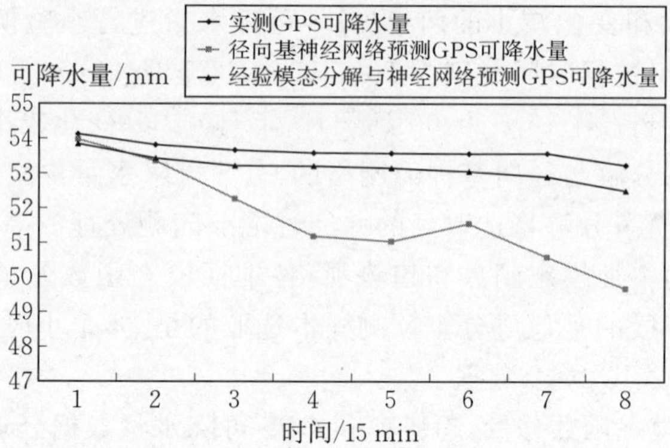

图 6.9　变化较大数据的 2 h 预测比较

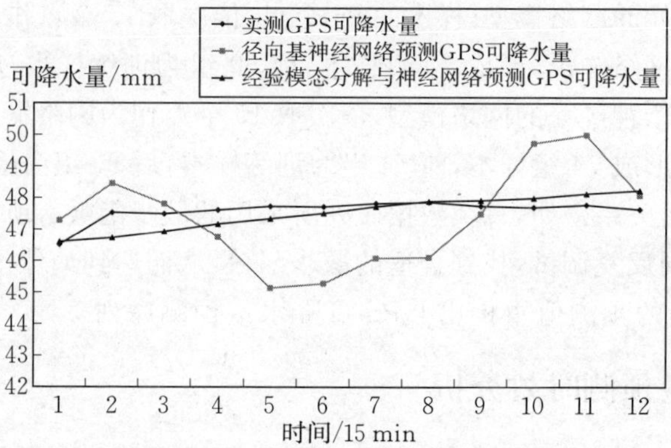

图 6.10　变化较小数据的 3 h 预测

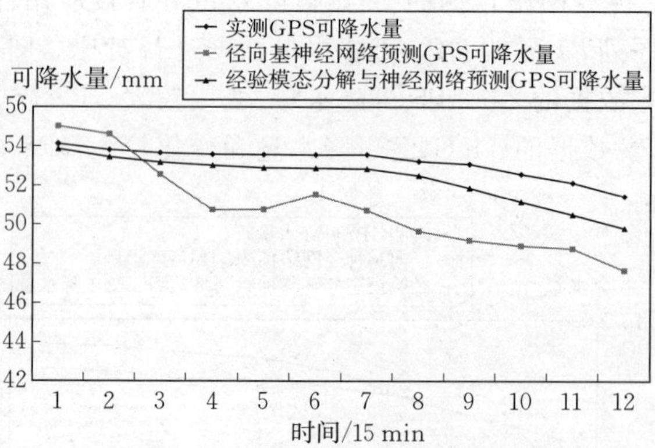

图 6.11　变化较大数据的 3 h 预测

从图 6.8 至图 6.11 可看出，经验模态分解与神经网络预测的 GPS 可降水量与实测 GPS 可降水量比较接近，经验模态分解与神经网络预测的 GPS 可降水量效果优于径向基神经网络直接预测的 GPS 可降水量。对于变化较大的 GPS 可降水量序列，经验模态分解与神经网络 3 h 预测结果与实测 GPS 可降水量的平均偏差为 0.86 mm，2 h 的平均偏差为 0.48 mm，而径向基神经网络直接预测的 GPS 可降水量与实测 GPS 可降水量的平均偏差分别为 2.64 mm 和 1.94 mm；变化较小的 GPS 可降水量序列，经验模态分解与神经网络 3 h 预测结果与实测 GPS 可降水量的平均偏差为 0.34 mm，2 h 的平均偏差为 0.29 mm，而径向基神经网络直接预测的 GPS 可降水量与实测 GPS 可降水量的平均偏差分别为 1.36 mm 和 0.82 mm。

第 7 章　GPS 可降水量用于降水预报

本章讨论神经网络结合 GPS 可降水量在降水预报中的应用,用 BP 神经网络建立降水预报模型,并用实际数据对模型进行检核。

§7.1　BP 神经网络理论

7.1.1　BP 神经网络的模型与结构

BP 神经网络是一种单向传播的多层前向网络,也就是只存在不同层神经元之间的权值连接,而不存在同一层神经元之间的连接,每一层节点的输出只影响下一层节点的输出。网络主要由输入层、隐含层和输出层节点构成,隐含层节点可以为一层或多层,输入信号从输入层节点依次传过各隐含层节点到达输出层节点。

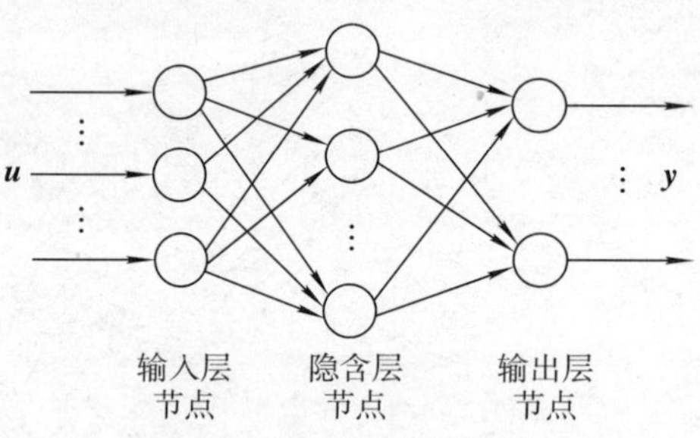

图 7.1　BP 神经网络结构

典型的 BP 神经网络是三层结构,如图 7.1 所示。其中 $\boldsymbol{u}$ 和 $\boldsymbol{y}$ 分别为网络输入、输出向量,每个节点表示一个神经元。BP 神经网络节点的传递函数一般为(0,1)S 型函数,但在输出层节点的传递函数为线性函数(常晓丽,2006)。隐含层采用 S 型传递函数是因为它具有非线性放大功能,能够对较大的输入信号采用较小的放大系数,而对较小的输入信号采用较大的放大系数,将输入信号变换为 0～1 之间的输出。对于一个具有 S 型传递函数的单隐层 BP 网络而言,只要隐含层有充分多的神经元,它就能以任意的精度逼近任意一个已知函数。

在进行 BP 网络结构设计时,输入层起缓冲存储器的作用,接收外部的输入数据,因此,输入层的神经元可根据需要求解的问题和数据表示方式来确定。输出层的数目则需根据使用者的要求确定,主要取决于输出数据类型和所需的数据大小两个方面。隐含层的神经元数目选择是一个比较复杂的问题,迄今为止尚无特定的计算公式,需要根据设计者的经验和多次实验来确定。隐含层单元的数目与求解问题的要求、输入输出单元的数目多少有直接关系。另外,隐含层数目越多,拟合精度越高,但是如果隐含层单元数目太多则会导致学习训练时间过长,所以必须

综合考虑多方面的因素进行设计(刘维群 等,2005)。在选择最佳隐含层单元数目时可参考以下三种方法:

(1)方法一,其公式如下

$$\sum_{i=0}^{n} C_{n_1}^{i} > k \tag{7-1}$$

式中,n_1 为隐含层单元数(如果 $i > n_1$,$C_{n_1}^{i}=0$),k 为样本数,n 为输入层单元数。

(2)方法二,其公式如下

$$n_1 = \sqrt{n+m} + a \tag{7-2}$$

式中,m 为输出层单元数,n 为输入层单元数,a 为[1,10]之间的常数。

(3)方法三,其公式如下

$$n_1 = \log_2^n \tag{7-3}$$

式中,n 为输入层单元数。

7.1.2　BP 神经网络的学习过程

确定 BP 网络的结构后,要通过输入样本和输出样本对网络进行训练,即对网络的权值和阈值进行学习和修正。BP 神经网络的学习过程是一种监督式的学习过程,可以分为两个阶段:第一个阶段是输入已知学习样本,通过设置的网络结构和前一次迭代的权值和阈值,从网络的第一层向后计算各神经元的输出;第二个阶段是对权值和阈值进行调整和修改,从最后一层向前计算各权值和阈值对总误差的影响,根据这个影响来对各个权值和阈值进行修改。这种信息正向传播与误差反向传播的各层权值调整的过程是周而复始的,直到网络收敛为止。BP 网络学习规则的指导思想是,对网络权值和阈值的修正要沿着表现函数下降最快的方向——负梯度方向。具体的学习过程如下(Jin et al,2005):

(1) 初始化,给输入层至隐含层的连接权 w_{ij},隐含层到输出层的连接权 v_{jt},隐含层单元阈值 θ_i,输出层单元阈值 γ_t 赋予[-1,$+1$]之间的随机值。其中,$i=1,2,\cdots,n$;$j=1,2,\cdots,p$;$t=1,2,\cdots,q$;$k=1,2,\cdots,m$。同时将降雨预报的训练数据进行必要的预处理,如归一化处理等。

(2) 随机选取一组输入样本 $P_k=(a_1^k,a_2^k,\cdots,a_n^k)$ 和目标样本 $T_k=(s_1^k,s_2^k,\cdots,s_p^k)$ 提供给网络。

(3) 用输入样本 $P_k=(a_1^k,a_2^k,\cdots,a_n^k)$、连接权 w_{ij} 和阈值 θ_j 计算中间层各单元的输入 s_j,然后用传递函数计算中间层各单元的输出 b_j

$$f(x)=(1+e^{-x})^{-1} \tag{7-4}$$

$$s_j=\sum_{i=1}^{n} w_{ij} a_i - \theta_j \tag{7-5}$$

$$b_j=f(s_j) \tag{7-6}$$

(4) 利用中间层的输出 b_j、连接权 v_{jt} 和阈值 γ_t 计算输出层各单元的输入 L_t，然后利用传递函数计算输出层各单元的响应 C_t

$$L_t = \sum_{j=1}^{p} v_{jt} b_j - \gamma_t \tag{7-7}$$

$$C_t = f(L_t) \tag{7-8}$$

(5) 利用网络目标向量 $\boldsymbol{T}_k = (y_1^k, y_2^k, \cdots, y_q^k)$，网络的实际输出 C_t，计算输出层的各单元一般化误差 d_t^k

$$d_t^k = (y_t^k - C_t) \cdot C_t (1 - C_t) \tag{7-9}$$

(6) 计算中间层各单元的一般化误差 e_j^k

$$e_j^k = (\sum_{t=1}^{q} d_t \cdot v_{jt}) b_j (1 - b_j) \tag{7-10}$$

(7) 隐含层到输出层的连接权值 v_{jt} 的调整

$$v_{jt}(N+1) = v_{jt}(N) + \alpha \cdot d_t^k \cdot b_j \tag{7-11}$$

$$\gamma_t(N+1) = \gamma_t(N) + \alpha \cdot d_t^k, \ (0 < \alpha < 1) \tag{7-12}$$

(8) 输入层到隐含层连接权值 w_{ij} 和阈值 θ_j 的调整

$$w_{ij}(N+1) = w_{ij}(N) + \beta \cdot e_j^k \cdot a_i^k \tag{7-13}$$

$$\theta_j(N+1) = \theta_j(N) + \beta \cdot e_j^k, \ (0 < \beta < 1) \tag{7-14}$$

(9) 随机选取下一个学习样本向量提供给网络，返回到第(3)步，直到 m 个训练样本训练完毕。

(10) 重新从 m 个学习样本中随机选取一组输入和目标样本，返回第(3)步，直到网络全局误差 E 小于预先设定的一个极小值，即网络收敛。如果学习次数大于预先设定的值，网络就无法收敛。

(11) 学习结束，存储 w_{ij}、v_{jt}、θ_j、γ_t，供给计算预测值时使用。

在网络训练之后，预测值 R_t 由下式计算

$$R_t = \sum_{j=1}^{q} v_{jt} b_j + \gamma_t \tag{7-15}$$

求得 R_t 值后需要对其进行数据处理，如反归一化等才能得到预测结果。

标准的 BP 算法是一种梯度下降学习算法，其权值的修正是沿着误差性能函数梯度的反方向进行的。当神经网络的结构和权值确定后，网络从输入到输出就形成了一个非线性映射，初始值对于网络是否能够收敛的结果关系很大，因此，初始权值在输入累加时应使每个神经元的状态值接近于 0，同时，输入样本也必须应进行归一化处理，使归一化后的样本输入均值为 0，并且需要通过主成分分析等方法，尽量使各输入向量之间不相关，以确保各权值的收敛速度大致相同。

7.1.3　基于 Matlab 的 BP 算法的改进

所有的 BP 算法都是利用变现函数的梯度调整网络的权值和梯度，调整梯度的方向均采用 BP 方法。其中最基本的 BP 训练法就是沿着负梯度方向调整权值，即 Matlab 神经网络工具箱中提供的基本的 BP 训练函数——梯度下降法(traingd)，其余方法都属于改进的 BP 算法。

BP 算法主要有以下几个缺陷：收敛速度慢、易陷入局部极小值、难以确定隐层和隐层节点的个数。在实际应用中，BP 算法有时很难达到所需的要求，于是出现了许多改进算法。改进的 BP 算法主要包括：有动量的梯度下降法(traingdm)、自适应修改学习速率算法(traingda、traingdx)和有回弹的 BP 算法(trainrp)等。

(1) 有动量的梯度下降法：在 Matlab 神经网络中，traingdm 函数采用了有动量的梯度下降法，提高了学习速度并增加了算法的可靠性。它实现的也是一种批处理的前馈神经网络训练算法，不但具有更快的收敛速度，而且引入了一个动量项，即在网络每次的权值和阈值改变量中加入前一次的改变量，降低了网络对于误差曲面局部细节的敏感性，有效地避免了局部最小问题在网络训练中的出现。

(2) 自适应修改学习速率算法：在梯度下降法中，学习速率对于整个网络训练过程有很大的影响。如果选择太大，会降低网络的稳定性；如果选择过小，会导致训练时间过长。如果在训练过程中合理地改变学习速率，可以避免以上缺陷。自适应修改学习速率算法能够在训练过程中通过调整学习速率来增加网络稳定性，从而提高训练速度和精度。

(3) 有回弹的 BP 算法：多层 BP 神经网络的隐含层大多采用 S 型传递函数，S 型函数的特点是将无限的输入映射到有限的输出，当输入量很大或者很小，输出函数的斜率接近于 0。这样在网络训练时计算的梯度会出现很小的情况，使得权值和阈值的调整范围也很小，从而影响了网络的训练速度。有回弹的 BP 算法能够消除这种影响。在有回弹的 BP 算法中，权值修正取决于表现函数导数的正负号，而导数的数量级对权值修正并没有影响。它是通过单独的参数来调整网络的权值和阈值，这样调整的结果是权值的变化呈振荡趋势，不过权值变化量逐步减小了。如果变化连续几次都在同一个方向，则增加变化的量级。

由于训练稳定性要求学习速率很小，梯度下降法的训练很慢。自适应修改的学习速率比单纯的梯度下降法要快，但实际应用中还是很慢，这两种方法通常只用于递增训练。对于大型网络，可采用有回弹的 BP 算法。

§7.2　BP 神经网络用于降水预报流程

由于影响降水的因素较多且各因素间关系复杂，所以在用于降雨预报前需要对数据进行必要的处理。用 BP 神经网络进行降水预报时，首先应将现有的数据资料预留一部分用于结果检验，用另一些数据进行网络参数的估计，按照网络全局误差最小的原则估计出最佳的 BP 网络参数；然后用估计的网络参数进行降水预报，并用预留的数据资料来检验预报结果是否满意。具体分为四个步骤：

(1) 数据预处理，包括对原始数据进行主成分分析和归一化处理等。

(2) BP 神经网络的设计，包括网络结构和各种参数的设置。

(3) BP 神经网络的训练。

(4) 利用训练后的 BP 神经网络对降水量进行预测。

BP 神经网络用于降水预报的流程如图 7.2 所示。

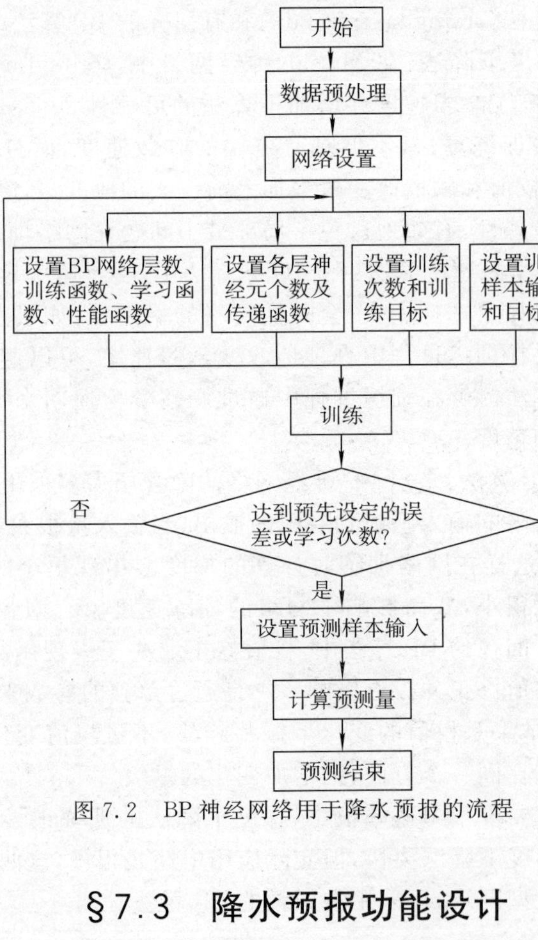

图 7.2 BP 神经网络用于降水预报的流程

§7.3 降水预报功能设计

大气中水汽含量的变化是影响降水的关键，系统的降水预报功能是基于 GPS 可降水量和其他参数通过神经网络建立模型对数据进行训练和仿真，并对预报结果进行分析。该功能主要包括了数据预处理和神经网络降水预报两个方面。

7.3.1 数据预处理

系统选择用于降水预报的数据主要有大气可降水量、气压、温度、湿度、风速等，由于这些数据的数量多而复杂，有的数量级也有很大差别，并且各因素之间有较强的相关性，不便于直接纳入分析，因此在做降水预报前首先对这些数据进行预处理。数据预处理方法选择的是对预报因子进行归一化处理和主成分分析，通过主成分分析选择较少的几个主成分作为预报因子。

归一化处理通过下式将输入的数据处理为区间[0,1]之间的数据

$$\hat{x}=\frac{x-x_{\min}}{x_{\max}-x_{\min}} \tag{7-16}$$

主成分分析是利用降维的思想把原来多个变量转化为少数几个综合指标的一种统计分析方法。它的处理过程实际上是根据方差最大化原理，通过对原始数据进行平移、伸缩和坐标旋转（特征分解），得到一组新的数据，用这组新的、线性无关且相互正交的向量来表征原来数据矩阵的行（或列）（邱添，2007）。这组新向量（主成分）是原始数据向量的线性组合，具体的求解步骤如下：

(1)假定有 n 个样本，每个样本有 p 个变量，构成一个 $n\times p$ 阶的原始数据矩阵

$$\boldsymbol{X}=\begin{bmatrix} x_{11} & x_{12} & \cdots & x_{1p} \\ x_{21} & x_{22} & \cdots & x_{2p} \\ \vdots & \vdots & \ddots & \vdots \\ x_{n1} & x_{n2} & \cdots & x_{np} \end{bmatrix} \tag{7-17}$$

记 $x_1,x_2,\cdots,x_p$ 为原变量指标，$z_1,z_2,\cdots,z_m(m\leqslant p)$ 为新变量指标。

$$\left.\begin{aligned} z_1 &= l_{11}x_1+l_{12}x_2+\cdots+l_{1p}x_p \\ z_2 &= l_{21}x_1+l_{22}x_2+\cdots+l_{2p}x_p \\ &\vdots \\ z_m &= l_{m1}x_1+l_{m2}x_2+\cdots+l_{mp}x_p \end{aligned}\right\} \tag{7-18}$$

系数 l_{ij} 的确定原则：① z_i 与 $z_j(i\neq j;i,j=1,2,\cdots,m)$ 相互无关；② $z_1,z_2,\cdots,z_m$ 按照方差从大到小依次排列，分别称为原变量指标 $x_1,x_2,\cdots,x_p$ 的第1，第2，…，第 m 主成分，第1主成分对应最大的方差（特征值）。

(2) 计算相关系数矩阵

$$\boldsymbol{R}=\begin{bmatrix} r_{11} & r_{12} & \cdots & r_{1p} \\ r_{21} & r_{22} & \cdots & r_{2p} \\ \vdots & \vdots & \ddots & \vdots \\ r_{p1} & r_{p2} & \cdots & r_{pp} \end{bmatrix} \tag{7-19}$$

式中，r_{ij} 为原变量 x_i 与 x_j 的相关系数（$r_{ij}=r_{ji};i,j=1,2,\cdots,p$）。$r_{ij}$ 的计算公式

为

$$r_{ij}=\frac{\sum_{k=1}^{n}(x_{ki}-\bar{x}_i)(x_{kj}-\bar{x}_j)}{\sqrt{\sum_{k=1}^{n}(x_{ki}-\bar{x}_i)^2\sum_{k=1}^{n}(x_{kj}-\bar{x}_j)^2}} \tag{7-20}$$

(3) 计算特征值与特征向量：① 解特征方程 $|\lambda I-R|=0$ 求出特征值，并按大小顺序排列 $\lambda_1\geqslant\lambda_2\geqslant\cdots\geqslant\lambda_p\geqslant 0$；② 分别求出对应于特征值 λ_i 的特征向量 $e_i(i=1,2,\cdots,p)$，要求 $\|e_i\|=1$，即 $\sum_{j=1}^{p}e_{ij}^2=1$，其中 e_{ij} 表示向量 e_i 的第 j 个分量；③ 计算主成分贡献率 $\frac{\lambda_i}{\sum_{k=1}^{p}\lambda_k}$ 和累计贡献率 $\frac{\sum_{k=1}^{i}\lambda_k}{\sum_{k=1}^{p}\lambda_k}(i=1,2,\cdots,p)$。

(4) 确定主成分个数：① 根据累计贡献率，一般取累计贡献率达 85%～95% 的特征值 $\lambda_1,\lambda_2,\cdots,\lambda_m$ 所对应的第 1，第 2，…，第 $m(m\leqslant p)$ 个主成分；② 根据特征值，特征值大于 1.0 的因子数定为主成分数。

在对经过归一化处理的数据进行主成分分析完成后，即可将得到的主成分用于降水预报。

7.3.2 基于 Matlab 神经网络的降水预报功能

GPS 可降水量用于降水预报功能是基于神经网络的，主要包括三种途径：Matlab 神经网络工具箱、标准的 BP 算法和改进的有回弹的 BP 算法。

通过神经网络工具箱进行降水预报时会弹出 Network/Data Manager 窗口，如图 7.3 所示。一旦激活了 Network/Data Manager 窗口，就可以输入或者导入已有数据建立神经网络模型，并且对网络进行训练、仿真等。

首先输入或导入输入向量和目标向量，在输入向量和目标向量生成后，将分别显示在 Inputs 区域和 Targets 区域，用户可以对数据进行显示、修改和删除等。然后创建神经网络模型，包括设置网络名称、类型以及输入输出向量的范围、神经元数目、传递函数、学习函数等。网络创建完成后，通过设置各种参数对网络进行训练，达到了预先设定的条件，训练停止。网络训练停止后进行网络仿真，通过仿真验证训练后的神经网络是否达到了误差要求，学习误差将显示在 Errors 区域。

由于神经网络工具箱最终的输出结果是以数据误差的形式显示的，为直观显示结果，系统单独列出了其中两种 BP 算法(标准 BP 算法 traingd 和有回弹的 BP 算法 trainrp)，用这两种 BP 算法同样可以进行降水预报，预报的过程基本相同，只是所用的训练函数有所不同，当然预报结果也不同。预报结束后，将预报结果以图形的形式显示出来，既形象又直观。

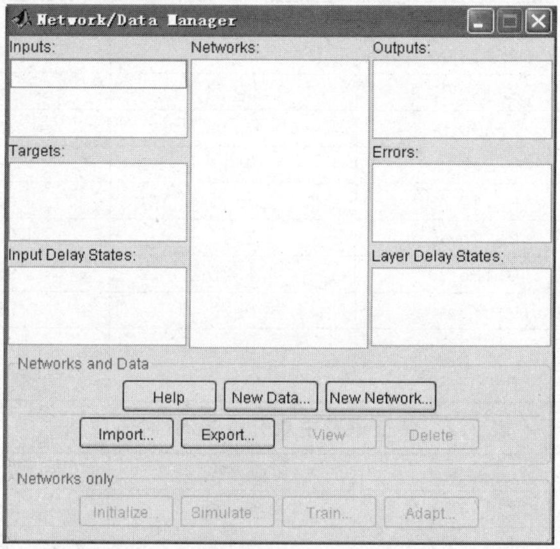

图 7.3　Network/Data Manager 窗口

§7.4　基于 BP 神经网络的 GPS 可降水量降水预报

7.4.1　数据预处理

为了对降水预报模型进行检验，分别选用河北省秦皇岛站 2007 年 5～8 月的日值数据(共 123 条)和时值数据(共 2 952 条)作为降水预报的研究对象，分别进行日值预报和时值预报。降水预报是基于 GPS 水汽处理结果的，因此将测站的可降水量作为降水预报的一项指标，另外再选取一些与降水有关的气象因素作为预报的指标。日值预报数据主要包括测站当日平均气压、最高气压、最低气压、平均温度、最高温度、最低温度、平均湿度、平均风速，这些气象指标加上测站当日平均可降水量和当日实际降水量共 10 项指标，即为日值降水预报的起始数据。时值预报数据主要包括测站 1 h 的可降水量、气压、温度、湿度、风速和实际降水量 6 项指标。为了便于系统预报时可以直接提取数据，先将这些数据进行整理并保存成系统所需的格式。

数据预处理首先提取原始数据通过式(7-16)对起始数据进行归一化处理，由于原始数据中实际降水量数据的大小和数量级可能会相差很大，归一化之前先对实际降水量执行对应数据除以 1 000 的预处理办法。然后将归一化后的数据进行主成分分析，求出其特征值和各主成分的方差贡献率以及累计方差贡献率，日值数据结果如表 7.1 所示，时值数据结果如表 7.2 所示。

表 7.1 特征值及主成分贡献率(日值数据)

序号	特征值	贡献率(%)	累计贡献率(%)
1	4.123 0	41.23	41.23
2	2.420 9	24.21	65.44
3	1.300 1	13.00	78.44
4	0.947 2	9.47	87.91
5	0.740 7	7.41	95.32
6	0.245 5	2.45	97.77
7	0.126 2	1.26	99.03
8	0.075 4	0.75	99.78
9	0.017 5	0.18	99.96
10	0.003 6	0.04	100

表 7.2 特征值及主成分贡献率(时值数据)

序号	特征值	贡献率(%)	累计贡献率(%)
1	2.134 3	35.57	35.57
2	1.141 4	19.02	54.59
3	1.121 3	18.69	73.28
4	0.854 2	14.24	87.52
5	0.664 2	11.07	98.59
6	0.084 6	1.41	100

根据前面提到的两种主成分确定方法，选择第一种，即取累计贡献率达85%～95%的特征值 $\lambda_1, \lambda_2, \cdots, \lambda_m$ 所对应的第 1，第 2，…，第 $m(m \leqslant p)$ 个主成分。由表 7.1 可以看出，日值数据中，第 1，第 2，第 3，第 4 主成分的累计贡献率已高达 87.91%(大于 85%)，故选取前 4 个主成分代替原来的 10 项指标，作为日值降水预报模型的样本数据。同样，由表 7.2 可以看出，时值数据中，第 1，第 2，第 3，第 4 主成分的累计贡献率已高达 87.52%(大于 85%)，故选取前 4 个主成分代替原来的 6 项指标，作为时值降水预报模型的样本数据。

7.4.2 BP 神经网络预测建模分析

BP 网络结构不同，解决实际问题的能力也不同，网络结构越复杂，解决非线性问题的能力越强，但训练时间也相对较长；若网络过于简单则使网络收敛时间延长或很难收敛。输入层和输出层及神经元个数均由问题本身决定，关键是要确定隐含层的层数及其神经元的个数。

针对降水预报问题，系统选择一个三层的 BP 网络结构，即含有一个输入层、一个隐含层和一个输出层的 BP 网络。前面也提到，对于任意一个包含一个隐含层的神经网络而言，只要隐含层神经元数目合理，就可满足任何精度要求。另外，在进行网络层数选择时，也用含有两个隐含层的网络做了对比，结果表明，有两个隐含层的网络与有一个隐含层的网络相比，对精度影响不大，然而训练时间延长，因此系统选择采用具有一个隐含层的 BP 网络。

根据所需解决的问题，输入层神经元个数的选择是通过对起始数据进行主成分分析后确定的，输入层神经元个数确定为 4；输出层神经元数目为 1，即要预测的降水量。隐含层神经元数目的确定方法在前文介绍了三种，系统选择第二种方法，并结合实际情况，隐含层数目取值在 3～12。为了确定最佳的隐含层神经元个数，依次取 3～12 的数进行试验，通过误差对比结果(见表 7.3)来确定隐含层神经元数目。

表 7.3　不同的隐含层神经元个数与网络误差

隐含层神经元个数	网络误差	隐含层神经元个数	网络误差
3	0.149 2	8	0.115 0
4	0.147 9	9	0.125 0
5	0.123 2	10	0.136 4
6	0.139 5	11	0.121 9
7	0.106 7	12	0.148 3

由表 7.3 可见，并不是隐含层神经元个数越多，网络性能就越好(例如从 4 到 5 和从 10 到 11)。当隐含层神经元个数为 7 时网络误差最小，且训练速度较快，因此最终将隐含层神经元数目确定为 7。

传递函数的选取在 BP 神经网络建模中也有非常重要的作用，用于预报的 BP 网络模型中常用的转移函数有：tansig 函数、logsig 函数和 purelin 函数。建立模型时分别对这三种函数进行不同组合搭配，通过测试不同组合对网络性能的影响来确定传递函数，测试结果如表 7.4 所示。

表 7.4　不同传递函数的网络误差

序号	传递函数		网络误差
	隐含层	输出层	
1	tansig	tansig	0.205 5
2		logsig	0.189 0
3		purelin	0.233 5
4	Logsig	tansig	0.245 9
5		logsig	0.227 8
6		purelin	0.208 5
7	purelin	tansig	0.278 1
8		logsig	0.243 5
9		purelin	0.275 5

从表 7.4 中可以看出，不同传递函数产生的网络误差也不同，当隐含层的传递函数为 tansig，输出层的传递函数为 logsig 时网络误差最小，效果最好。

综上所述，系统选择用于降水预报的 BP 神经网络模型的输入层神经元个数为 4，输出层神经元个数为 1，隐含层神经元个数为 7。因此，可以得出网络的拓扑结构为 4－7－1，网络隐含层的传递函数选择为 tansig 函数，输出层的传递函数选择为 logsig 函数。

7.4.3 基于 BP 神经网络的 GPS 可降水量降水预报

1. 日值降水预报

日值降水预报模型是根据当天的大气可降水量、气象数据和实际降水量来预报第二天的降水情况。预报时，从经过预处理 123 条样本中，选择 5 月、6 月和 8 月的 92 条数据作为训练样本，7 月的 31 条数据作为测试样本。

用神经网络工具箱建立神经网络模型对样本进行训练，首先运行神经网络工具箱，分别在 Inputs 区域和 Targets 区域导入输入向量和期望输出向量，然后在 Networks 区域建立新的神经网络模型，根据前面的分析通过设置各种参数建立拓扑结构为 4－7－1 的 BP 神经网络模型，结构如图 7.4 所示。

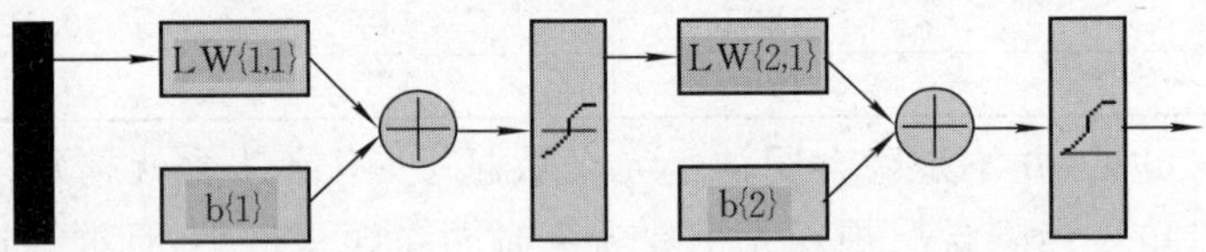

图 7.4 BP 神经网络结构

网络建立完成后，分别用标准 BP 算法 traingd 和有回弹的 BP 算法 trainrp 两种算法对网络进行训练和仿真。在进行网络训练之前，先设置各种训练参数：最大训练次数设置为 5 000，训练要求目标精度为 0，初始学习速率为 0.01，其他参数均为默认值。图 7.5 和图 7.6 分别为标准 BP 算法 traingd 和有回弹的 BP 算法 trainrp 的训练结果。

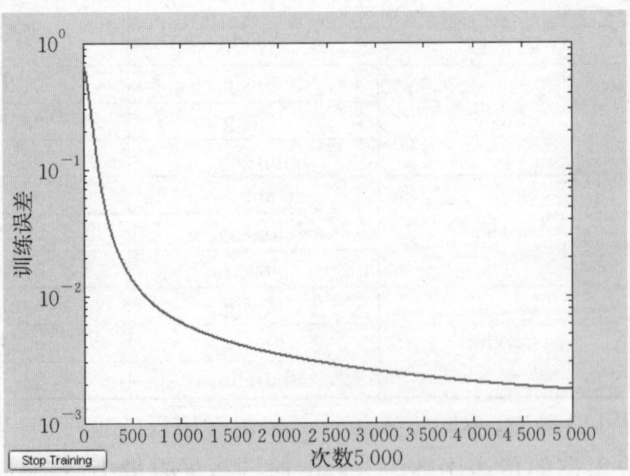

图 7.5 标准 BP 算法 traingd 训练结果

从图 7.5 和 7.6 可以看出，有回弹的 BP 算法训练网络的速度要比标准 BP 网络的训练速度快许多，并且在同样训练 5 000 步时，有回弹的 BP 算法的训练误差即将达到 10^{-5}，而标准 BP 算法只能达到 10^{-3}。通过这两种算法的仿真误差也可以看出结果的不同，有回弹的 BP 算法仿真结果的平均误差为 0.002 4，而标准 BP 算法的平均误差为 0.037。

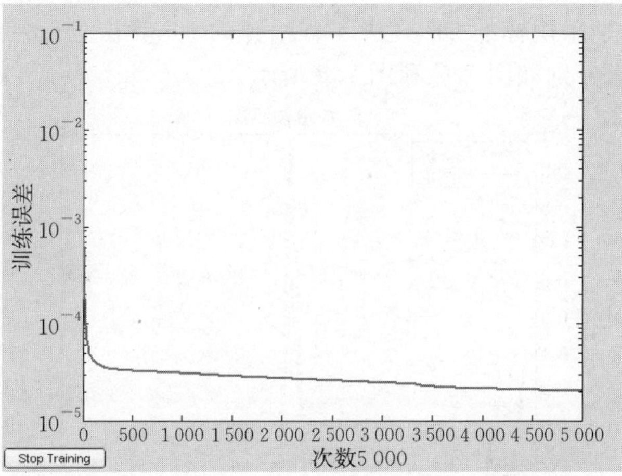

图 7.6　有回弹的 BP 算法 trainrp 训练结果

运用神经网络工具箱进行网络训练和仿真时，还可以选择其他很多训练函数对网络进行训练。为了更加清楚直观的显示预报结果，系统将标准 BP 算法和有回弹的 BP 算法单独列出，自行编写程序建立 BP 神经网络模型进行训练仿真，并将预报结果以图形的形式显示出来。两种算法的 BP 网络实现的部分主要程序代码如下：

```
A = minmax(xdat');                                   %网络输入值的范围
%构造 3 层前向神经网络，训练函数为 traingd
net = newff(A,[7 1],{'tansig','logsig'},'traingd');
net.trainParam.show = 100;
nct.trainParam.epochs = 5000;                        %设定最大训练次数为 5000
net.trainParam.goal = 0;
net.trainParam.lr = 0.01;
net = train(net,P_train,T_train);                    %进行训练
y1 = sim(net,P_test);                                %用训练好的网络计算预测值
figure(1)                                            %绘制原始数据折线图与预测图
plot(T_test,'r:','linewidth',3)
hold on
plot(y1,'k-')
legend('真实值','预测值','location','northwest')
xlabel('日期序号')
ylabel('降水量')
title('降水量预测图')
hold off
```

以上是用标准 BP 算法作为训练函数，当有回弹的 BP 算法作为训练函数时，只需将训练函数 traingd 改为 trainrp 即可，即：

```
net = newff(A,[7 1],{'tansig','logsig'},'trainrp');
```

通过以上程序对预先设定的日值数据中的 91 条样本进行训练并对 31 条测试样本进行仿真，分别采用标准 BP 算法和有回弹的 BP 算法进行网络训练，预测结果和实际对比结果分别如图 7.7 和图 7.8 所示。

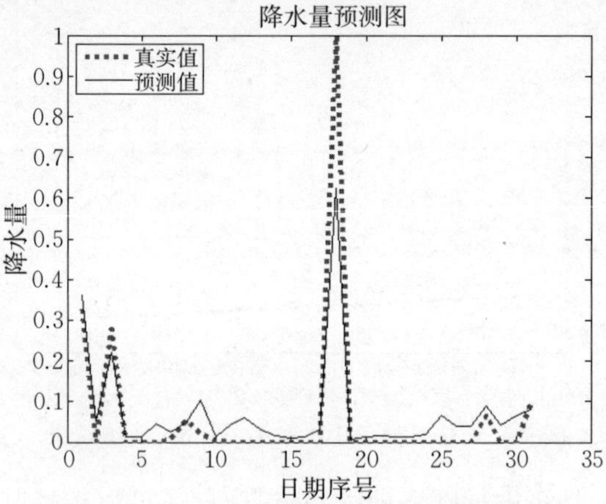

图 7.7　标准 BP 算法 traingd 预测结果

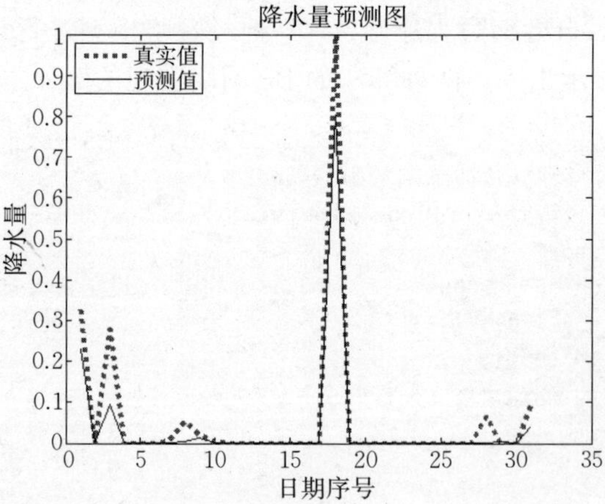

图 7.8　有回弹的 BP 算法 trainrp 预测结果

通过两种 BP 算法训练和仿真得到的结果具有一定的预报能力，并且有回弹的 BP 算法训练的网络预测值与真实值的拟合程度要比标准 BP 算法的高。

为评价降水预报模型的性能和日值降水预报的准确率，同时考虑到实际工作需要，根据降水量标准将日降水情况分级（见表 7.5）。对于第二天的降水预报情况而言，如果预测降水等级与实际级别一致，则视为准确。

表7.5 日降水量分级标准

等级	名称	日降水量/mm
0	无雨	小于0.1
1	小雨	0.1～9.9
2	中雨	10～24.9
3	大雨	25～49.9
4	暴雨	50以上

表7.6 预报降水等级与实际降水等级的比较

日期序号	标准BP算法	有回弹的BP算法	实际降水等级	日期序号	标准BP算法	有回弹的BP算法	实际降水等级
1	3	2	2	17	1	1	0
2	1	1	0	18	4	4	4
3	2	1	2	19	0	0	0
4	1	0	0	20	1	0	0
5	1	0	0	21	1	0	0
6	1	1	0	22	1	0	0
7	1	0	1	23	1	0	0
8	1	1	1	24	1	0	0
9	2	1	1	25	1	0	0
10	1	1	1	26	1	1	0
11	1	1	1	27	1	0	0
12	1	1	0	28	1	0	1
13	1	0	0	29	1	1	0
14	1	0	0	30	1	1	0
15	0	0	0	31	1	1	1
16	1	0	0				

由于图7.7和图7.8中所显示的数据仍然是归一化的数据，为了评价降雨预报模型的性能和预报的准确率，还应对仿真结果进行反归一化，还原出预测的实际值，根据预测的实际值来判断其降水等级，如果预测等级与实际降水等级的级别一致，则视为预报准确。表7.6列出了两种BP算法预测等级与实际等级的比较。

表7.6中的结果为某一次两种BP算法预测的结果，由于程序中创建的BP神经网络的随机性，分别对标准BP算法和有回弹的BP算法两种BP网络模型进行多次试验，将试验结果综合分析，对于测试的31条样本得出测试结果如下：标准BP算法的网络模型预报准确次数为10次，准确率约为32.2%，有回弹的BP算法的网络模型预报准确次数为21次，准确率约为67.7%，可以看出，采用改进BP算法的网络模型的预报率要明显高于标准BP算法的网络模型。

2. 时值降水预报

时值降水预报模型是根据前一部分GPS水汽自动处理计算的每小时的大气可降水量再结合每小时的气象数据和实际降雨量来预报下1 h和下2 h的降水情

况。时值预报时，从经过预处理 2 952 条样本中，选择 5 月和 8 月的 1 488 条数据作为训练样本，6 月和 7 月的 1 464 条数据作为测试样本。时值降水预报过程和日值降水预报过程一样，进行时值降水预报时选择改进的 BP 算法 trainrp 进行训练，分别预测下 1 h 和下 2 h 的降水情况，预测结果如图 7.9 和图 7.10 所示。

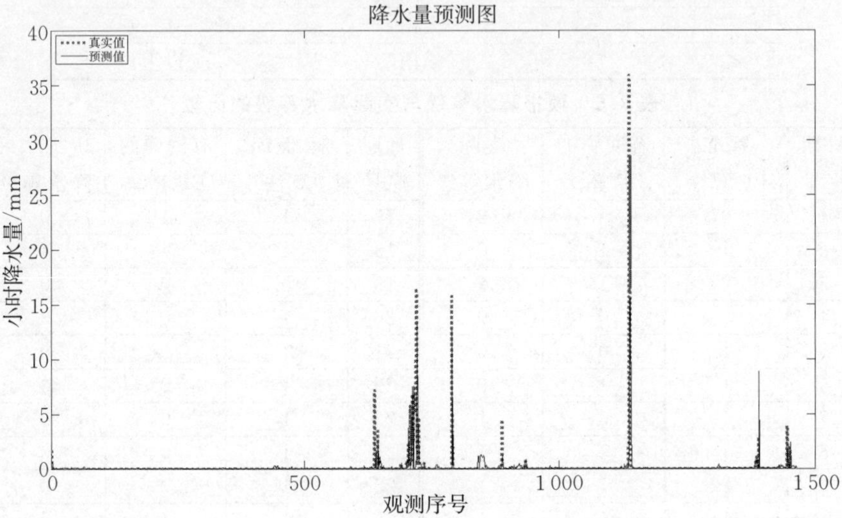

图 7.9　下 1 h 预报结果

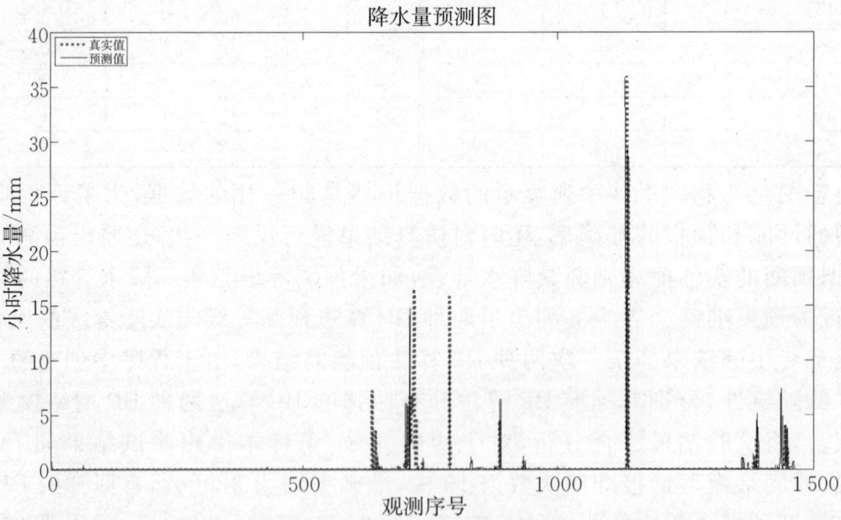

图 7.10　下 2 h 预报结果

由图 7.9 和图 7.10 可见，用改进的 BP 算法进行网络训练和仿真得到的下 1 h 和下 2 h 的预测值与真实值都比较接近。为了评价时值降水预报的准确率，首先对降水情况进行了有雨和无雨两种结果统计。统计时，时值降水量小于 0.1 mm

均为无雨，时值降水量大于等于 0.1 mm 均为有雨，若将有雨预报为无雨或者将无雨预报为有雨均为误报，对于测试的 1 464 条样本数据下 1 h 和下 2 h 的误报率统计结果如表 7.7 所示。

表 7.7　误报率统计表

时段	总样本数	误报样本数	误报率/(%)
下 1 h	1 464	149	10.2
下 2 h	1 464	104	7.1

为进一步评价时值降雨降水预报准确率，在将降水情况分为无雨和有雨后，根据气象中时值降水量标准将其更详细地分为 4 个等级(见表 7.8)。对于下 1 h 和下 2 h 的降水预报情况而言，如果预测降水等级与实际级别一致，则视为预报准确。

表 7.8　时值降水分级标准

等级	名称	时值降水量/mm
0	无雨	小于 0.1
1	小雨	0.1～2.5
2	中雨	2.5～8
3	大雨	8 以上

经多次试验，对于测试的测试的 1 464 条样本数据得出测试结果如下：下 1 h 降水预报准确次数为 1 298 次，预报准确率约为 88.7%，下 2 h 降水预报准确次数为 1 354 次，预报准确率约为 92.5%。从误报率和预报准确率均可以看出，下 2 h 的预报效果要优于下 1 h 的预报效果。

第 8 章　GPS 对流层延迟(水汽)插值

作为近年来迅速发展且极具潜力的遥感新技术，合成孔径雷达干涉测量(synthetic aperture radar interferometry，InSAR) 在地表三维重建、地球表面形变场探测及土地利用分类等方面呈现出极好的应用前景。不同时序大气折射率的变化(大气效应)和单个像元内的后向散射特征变化(时间去相干) 是影响 InSAR 测量精度的最主要因素，这使得 InSAR 中大气延迟影响的研究与改善成为提高 InSAR 测量精度的关键之一。作为采用外部数据改正 InSAR 大气延迟方法之一，GPS 用于改正 InSAR 大气延迟误差具有较高的研究和应用价值。由于 GPS 获得的大气延迟的空间分辨率远低于合成孔径雷达(synthetic aperture radar，SAR)影像分辨率，为对 SAR 影像进行逐像素的大气层延迟改正，必须对 GPS 所获取的大气延迟进行加密插值。

为了将 GPS 对流层延迟及水汽数据用于 InSAR 领域，需要提高 GPS 数据空间分辨率。本章主要研究各种方法用于 GPS 对流层延迟及水汽数据的加密插值，涉及内容如下：

(1)基于不同地形的 GPS 对流层延迟插值研究。

(2)基于 BP 神经网络的对流层延迟预测研究。

(3)利用多元回归方法改正对流层延迟插值误差。

(4)基于 GPS 的北京地区 MODIS 水汽校正研究。

§8.1　基于不同地形的 GPS 对流层延迟插值

由于 GPS 测站的站间密度一般为数十千米，为了将 GPS 对流层延迟结果应用到 SAR 领域，达到 SAR 应用的空间分辨率要求，需要对 GPS 对流层延迟进行插值。本节以北京、武汉两地的 GPS 连续观测网反演的 GPS 对流层延迟作为研究对象，以反距离加权插值法(inverse distance weighted，IDW)、克里金法(Kriging)两种方法研究在不同地形起伏地区的 GPS 对流层延迟的插值，比较两种插值方法的效果，探讨 GPS 对流层延迟插值在不同地区的应用。

8.1.1　研究区域与研究数据

北京市中心位于北纬 39°，东经 116°。北京的西、北和东北，群山环绕，东南是缓缓向渤海倾斜的大平原。北京平原的海拔高度在 20～60 m，山地一般海拔

1 000～1 500 m。北京全市土地面积 16 410 km^2,其中平原面积 6 338 km^2,占 38.6%;山区面积 10 072 km^2,占 61.4%;城区面积 87.1 km^2。

武汉市位于长江汉水交汇处,江汉平原东部。其中心位于北纬 29°,东经 113°。武汉市地貌属鄂东南丘陵经汉江平原东缘向大别山南麓低山丘陵过渡地区,中间低平,南北丘陵、岗垄环抱,北部低山林立。武汉地形以平原为主,中部散列东西向残丘,且市内湖泊塘堰众多。武汉市土地面积 8 494 km^2,其中低山、丘陵、垄岗平原与平坦平原的面积分别占土地总面积的 5.8%、12.3%、42.6% 和 39.3%。平坦平原位于武汉市长江、汉江两岸以及湖泊周围;垄岗平原位于各湖泊周边和丘陵向平原的过渡带。武汉大部分地区海拔在 50 m 以下。

表 8.1 为北京、武汉 GPS 网各测站大地高的高程。由表 8.1 可以看出,武汉各 GPS 测站高程差别较小,可以看成是平原地区;北京 14 个 GPS 测站高程差别较大,有平原和山区,可认为是地形起伏较大地区。

表 8.1 北京、武汉 GPS 网测站高程

GPS 网	测站名称	测站代码	大地高/m
北京 GPS 连续观测网	房山	BJFS	87.46
	测绘院	CEHY	61.37
	昌平	CHPN	70.24
	大兴	DAXN	30.88
	东三旗	DSQI	33.10
	密云	MYUN	161.67
	牛口峪	NKYU	65.36
	牛栏山	NLSH	43.53
	平谷	PING	21.99
	石景山	SHIJ	58.99
	汤河口	THKO	328.74
	西集	XIJI	12.02
	延庆	YANQ	481.74
	斋堂	ZHAI	434.79
武汉 GPS 连续观测网	黄陂	WHHP	34.03
	新洲	WHXZ	40.84
	汉口	WHHK	45.82
	九峰	WHJF	68.96
	蔡甸	WHCD	37.11
	汉南	WHHN	28.79
	东湖	WHDH	45.63

北京 GPS 连续观测网采用 14 站 GPS 数据,时间为 2008 年 6 月 11～13 日,每 1 h 解算 1 个对流层延迟,各测站均有 72 个对流层延迟数据,在进行 GPS 对流层延迟插值时,以延庆为固定点,其余各测站与延庆对流层延迟差值,提取房山、东三

旗、汤河口、斋堂与延庆站的对流层延迟差值作为检验数据，以其余测站间差值为起算数据，采用反距离加权插值法和克里金方法进行内插。

在对武汉地区的 GPS 对流层延迟插值时使用的数据情况为：武汉 GPS 连续观测网采用 7 站 GPS 数据，时间为 2008 年 8 月 31 日～9 月 9 日，GPS 对流层延迟解算采用 GAMIT 完成，采用 IGS 提供的精密星历，每 6 h 解算 1 个对流层延迟（获取的气象观测数据为一天四次观测值，对流层延迟与气象数据时间对应），各测站均有 40 个对流层延迟数据。由于武汉 GPS 网测站较少，为了保证插值效果并进行效果检验。GPS 对流层延迟插值方法比较的研究方案如下：分别以黄陂、东湖测站作为插值基准，其余测站对流层延迟进行插值，插值方法采用反距离加权插值法、克里金法两种方法，这样可以得到黄陂、东湖两站的两种对流层延迟插值结果，以 GPS 解算的测站对流层延迟作为真值，与插值结果进行比较。

8.1.2 GPS 对流层延迟插值在北京、武汉两地区的应用

利用 GAMIT 解算出北京、武汉 GPS 网测站对流层延迟后，以某一测站为基准点（北京 GPS 网以延庆为基准点，武汉由于 GPS 测站较少，分别以东湖、黄陂作为基准点进行两种方法的内插），其余测站与其差值，利用反距离加权插值法、克里金方法分别对两地区的对流层延迟差值内插。图 8.1、图 8.2 分别为基于反距离加权插值法方法的武汉市 GPS 网对流层延迟差值内插图、基于克里金方法的北京市 GPS 网对流层延迟差值内插图。

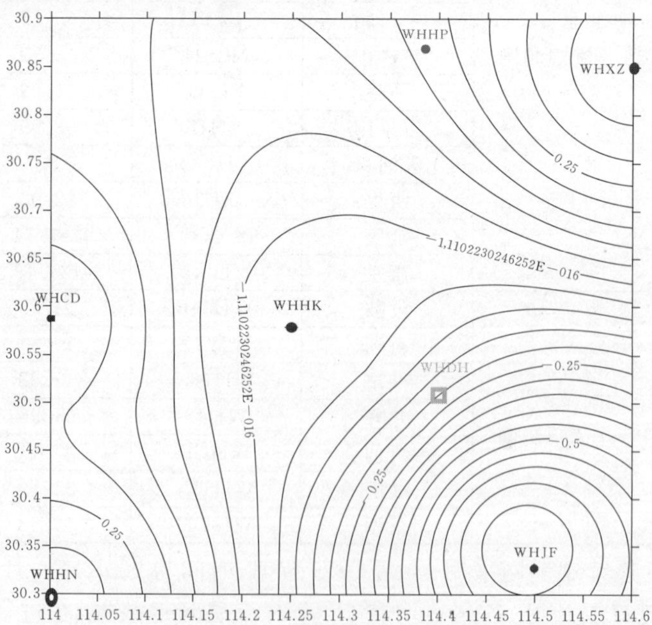

图 8.1　基于反距离加权插值法方法的武汉市 GPS 网对流层延迟差值内插图

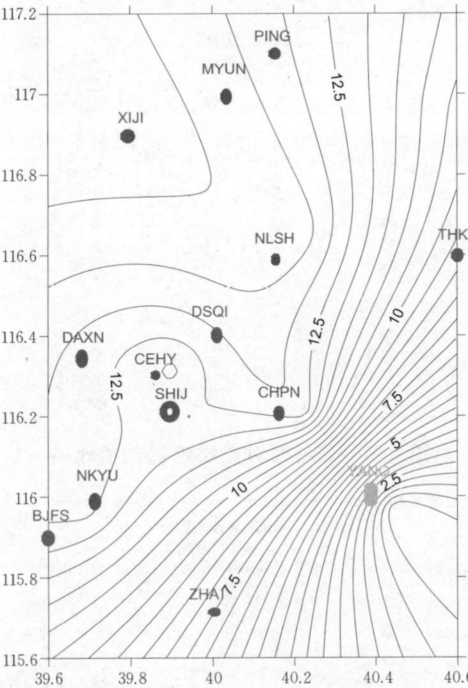

图 8.2　基于克里金方法的北京市 GPS 网对流层延迟差值内插图

根据北京 GPS 网的 72 组对流层延迟数据和武汉 GPS 网的 40 组对流层延迟数据采用反距离加权插值法、克里金方法进行插值，以一些测站(北京 GPS 网房山、东三旗、汤河口、斋堂；武汉 GPS 网黄陂或东湖)对流层延迟与基准站对流层延迟的差值作为检验数据，可以得到对流层延迟差值与内插值之间的差异，图 8.3 至图 8.8 分别为各测站的反距离加权插值法、克里金内插结果与对流层延迟差值真值序列的比较。

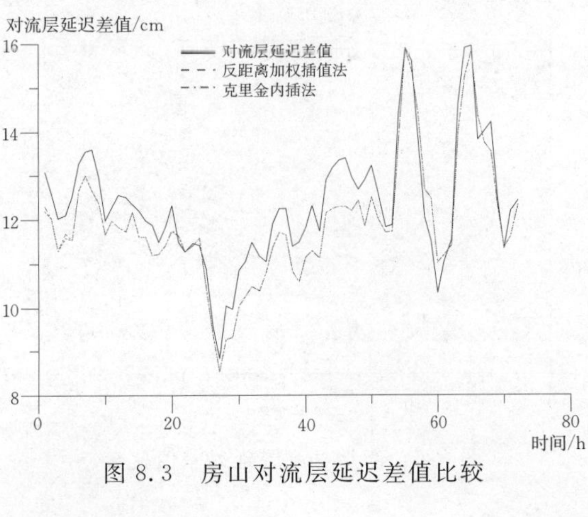

图 8.3　房山对流层延迟差值比较

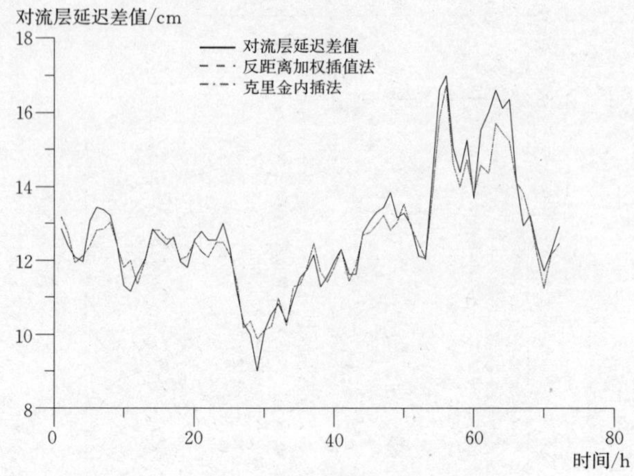

图 8.4 东三旗对流层延迟差值比较

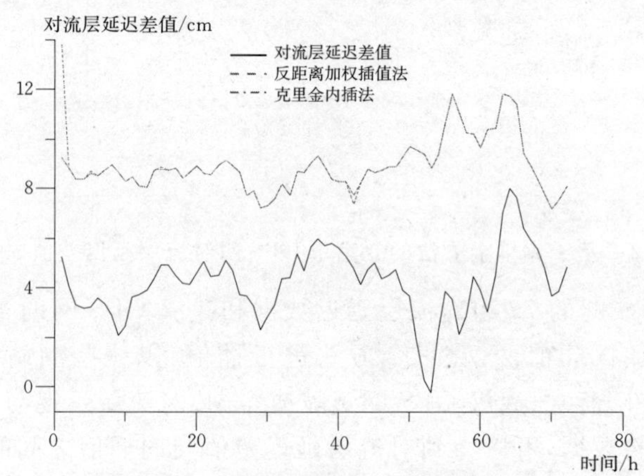

图 8.5 汤河口对流层延迟差值比较

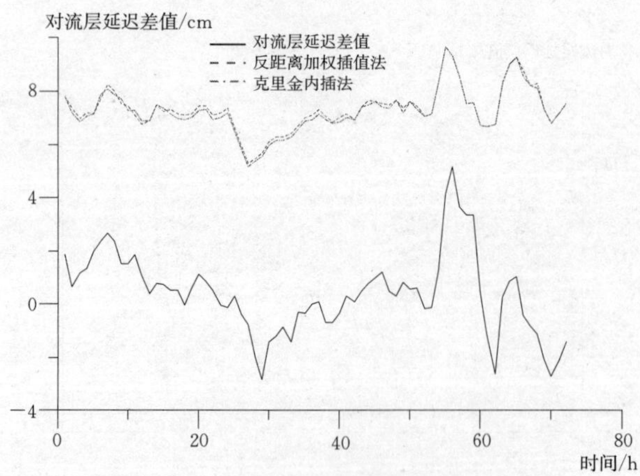

图 8.6 斋堂对流层延迟差值比较

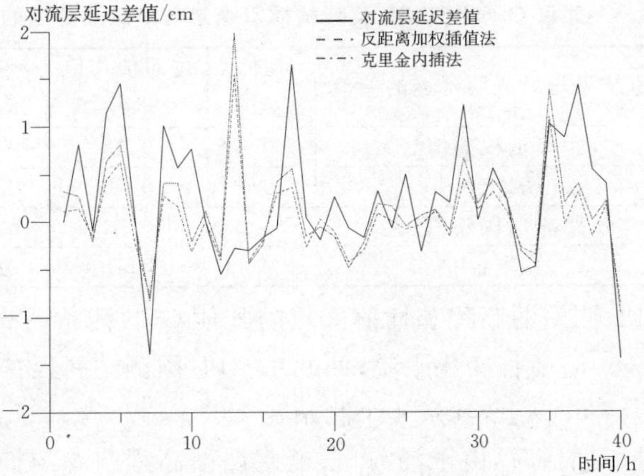

图 8.7　黄陂对流层延迟差值比较

由图 8.3 至图 8.8 可见，反距离加权插值法与克里金方法插值结果数值基本一致，可以达到相同效果。房山、东三旗、东湖、黄陂四个测站的对流层延迟与反距离加权插值法、克里金插值结果较为吻合，插值结果与对流层延迟的测量值之间的差值在几个毫米，而汤河口、斋堂两站的对流层延迟与插值结果差别较大，互差达到 4 cm 和 6 cm，该结果尢法满足应用的需求(见表 8.2、表 8.3)。

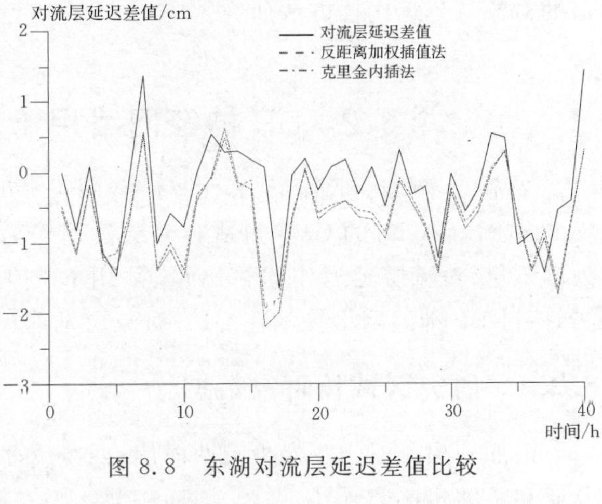

图 8.8　东湖对流层延迟差值比较

表 8.2　北京 GPS 网房山、东三旗、汤河口、斋堂站插值结果与对流层延迟的比较

测站	插值结果与对流层延迟的差值	均值/cm	绝对值均值/cm	标准差/cm	相关性
房山	反距离加权插值法	−0.43	0.54	1.42	0.95
	克里金	−0.43	0.54	1.42	0.95
东三旗	反距离加权插值法	−0.14	0.34	1.67	0.97
	克里金	−0.14	0.34	1.67	0.97
汤河口	反距离加权插值法	4.77	4.77	1.45	0.23
	克里金	4.71	4.71	1.45	0.23
斋堂	反距离加权插值法	6.92	6.92	1.56	0.60
	克里金	6.85	6.85	1.56	0.61

表 8.3 武汉 GPS 网东湖、黄陂站插值结果与对流层延迟的比较

测站	插值结果与对流层延迟的差值	均值 /cm	绝对值均值 /cm	标准差 /cm	相关性
东湖	反距离加权插值法	−0.38	0.45	0.43	0.78
	克里金	−0.43	0.50	0.45	0.78
黄陂	反距离加权插值法	−0.20	0.44	0.56	0.58
	克里金	−0.11	0.40	0.57	0.60

比较以上 GPS 测站的高程和插值区域的其他 GPS 测站的高程，武汉 GPS 网测站高程在 28～69 m，高程变化平缓；而北京 GPS 网测站高程在 12～480 m，其中 10 个测站高程在 87 m 以下，其余 4 个测站在 180 m、328 m、434 m、461 m，高程变化较为明显，在进行插值时，由于汤河口、斋堂两站高程与参与插值的测站高程差别较大，因此，插值得到的对流层延迟效果不佳，为了解决这一问题，可考虑地形改正的对流层延迟内插方法研究。

§8.2 BP 神经网络用于对流层延迟预测

本节以南加利福尼亚州 GPS 网（Southern California Integrated GPS Network，SCIGN）的 GPS 测站对流层延迟作为研究对象，以测站经纬度、高程作为输入量，对流层延迟作为输出量，采用 BP 神经网络方法进行对流层延迟的预测，探讨 BP 神经网络技术在 GPS 对流层延迟预测中的应用。

8.2.1 研究区域及研究数据

南加利福尼亚州位处美国西海岸，西滨太平洋，北与俄勒冈州、东与内华达州及亚利桑纳州接壤，南临墨西哥，面积共 411 031 km^2，位居北纬 32°～42°。地形变化复杂，高程起伏很大。

研究数据为南加利福尼亚州 GPS 观测网数据，该网络是由 250 个永久 GPS 测站组成的连续运行 GPS 网作为新一代地震形变和地震灾害监测系统，GPS 测站高程变化很大，最低海拔为−83.0 m，最高海拔为 2 762.9 m，很大程度上影响着大面积的插值效果。本文采用的数据时间是 2010 年 1 月 1 日，在国际 GNSS 服务网上下载南加利福尼亚州的 GPS 站点数据 218 个，GPS 对流层延迟解算采用 GAMIT，卫星星历采用精密星历，按小时解算测站对流层延迟，提取了 1 月 1 日 1 时的对流层延迟作为研究数据。

8.2.2 BP 神经网络预测对流层延迟

将 SCIGN 的 GPS 测站对流层延迟提取出来以后，结合测站的经度、纬度、海

拔,利用 BP 神经网络以及 Matlab 软件提供的改进 BP 神经网络分别进行训练与预测。实验采用的对流层延迟数据有 218 个站点,现在将它们分成两部分:一部分为训练样本(180 个站点),另一部分为测试样本(38 个站点)。BP 神经网络为三层网络,传递函数分别为 tansig 和 logsig,学习函数为 learngdm,训练函数为 trainlm,性能函数为 msereg。由于映射关系是非线性的,初始值对于学习是否达到局部最小,是否能收敛以及训练时间的长短的关系很大,所以在进行工作中需要对样本数据进行归一化及反归一化处理。在应用 BP 神经网络进行对流层延迟的预测时,采用将测站经度、纬度和高程作为输入,输出为对流层延迟,在对训练样本训练后,对测试样本进行预测,获得测试样本的对流层延迟预测值。

为了能将预测的对流层延迟进行实际应用,需要对预测的结果进行检验。图 8.9 为 BP 神经网络预测的对流层延迟与实际值的比较。

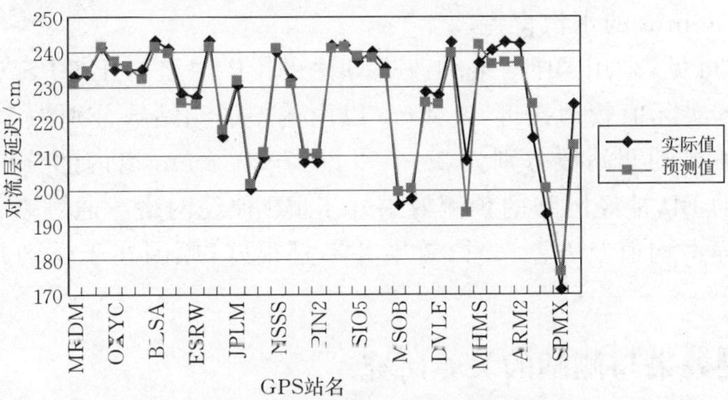

(a) BP神经网络预测值与实际值比较

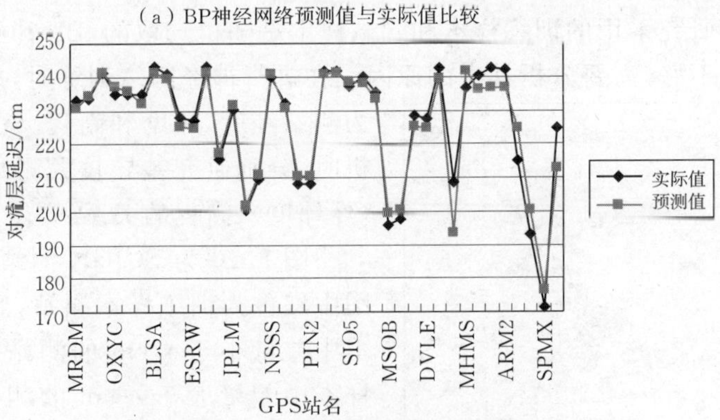

(b) 改进算法的BP神经网络预测值与实际值比较

图 8.9　对流层延迟实际值与预测值的比较

由图 8.9 可见各个测站的预测效果,除少数测站预测值与实际值相差比较大外,其他均有很好的效果,预测值与实际值较为接近。为了进一步研究 BP 神经网络及改进的 BP 神经网络预测值与实际对流层延迟之间的差别,对两者的偏差进行比较,如表 8.4 所示。

表 8.4　对流层延迟预测值与实际值之差统计

统计类型	BP 网络	改进 BP 网络
差值在(−1,+1)cm 范围的测站个数	4	14
差值在±[1,2)cm 范围的测站个数	11	7
差值在±[2,3)cm 范围的测站个数	9	8
差值在±[3,4)cm 范围的测站个数	5	1
差值在±[4,16)cm 范围的测站个数	9	8
样本均值/cm	3.29	0.88
样本方差/cm	9.52	21.2
标准差/cm	3.08	4.6

由第 2 章内容可知,湿延迟与可降水量(水汽含量)的简单换算关系为 0.15,由此可以看出,3 cm 的大气延迟误差对应于 4.5 mm 的水汽误差,4 cm 的大气延迟误差对应于 6 mm 的水汽误差。

由表 8.4 可见,采用 BP 网络和改进算法的 BP 网络对于 GPS 对流层延迟的预测值与 GPS 实际值较为接近,在 4 cm 以内偏差的测站数分别为 29 个和 30 个,在 3 cm 以内偏差的测站数分别为 24 个和 29 个,在 1 cm 以内的分别为 4 个和 14 个,改进算法的 BP 神经网络的预测效果好于 BP 神经网络。通过表 8.4 的计算分析,所获得的样本均值及方差来看,效果并不是很好,原因在于受到几个较大差值站点的影响。

8.2.3　预测效果与测站的关系研究

本节内容研究采用的训练样本和测试样本是随机选取的,BP 神经网络预测的部分站点效果不好,需要分析其中的原因。在进行神经网络训练时,采用的输入量为测站经度、纬度和高程。在进行原因分析时,分别研究差异较大测站与空间分布(经纬度)、高程的关系。

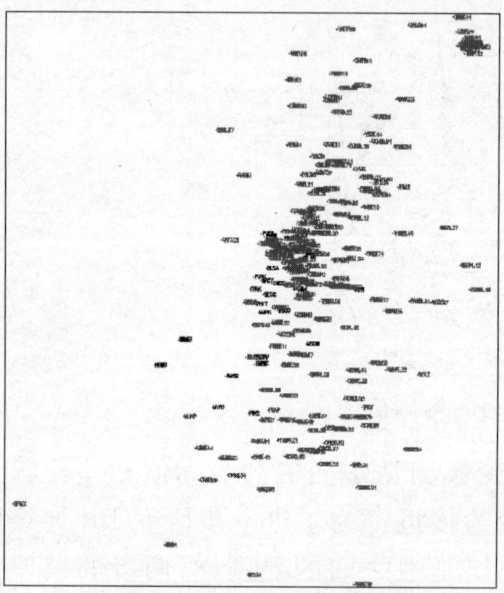

图 8.10　SCIGN 站点分布图

图 8.10 为 SCIGN 测站位置分布图,图中红色为训练样本测站,黑色为预测样本中差量小于 4 cm 的测站,蓝色为预测样本中差量大于 4 cm 的测站,本次预测的蓝色测站共有 9 个,从站点分布图中可以看出有的蓝色测站在训练样本的外围,而且相距较远。由于网络输入因素包含测站经纬度,预测效果与测试样本和训练样本的位置分布存在一定关系,测试样本的选择由于位置分布不合理是导致不理

想的预测效果的原因之一。

对于测站位置分布合理而预测效果不佳,需要从海拔这一因素来进行考虑。将位置选择合理而预测结果不佳的测站(ARM1,ARM2,LVMS,PSAP,TROY)提取,图 8.11 为测站海拔对预测效果的影响。图 8.11 中蓝色字为差量较大测站名,红色字为各个测站海拔。从图 8.11 可以看出预测测站海拔与周围训练测站海拔的差异并不存在明显规律,但有一个共同的特点,即蓝色测站与训练测站海拔差异较大,预测测站与周围训练测站之间的海拔差异对预测效果有着一定影响,测站海拔与周围训练样本海拔相差较大也可能导致不理想的预测效果。

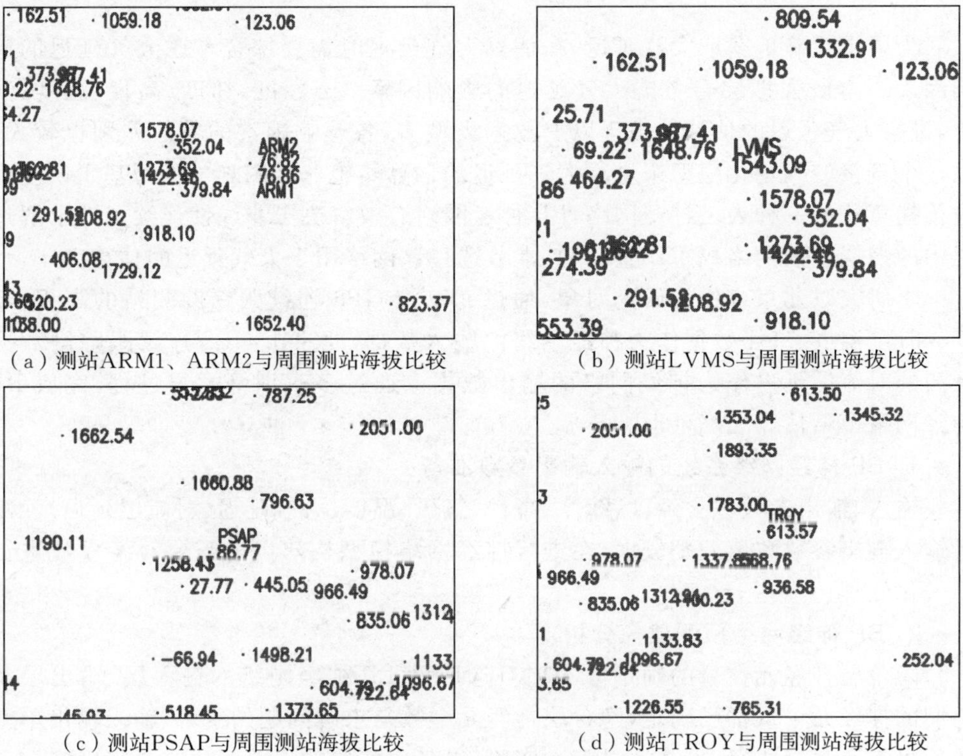

(a) 测站ARM1、ARM2与周围测站海拔比较　(b) 测站LVMS与周围测站海拔比较

(c) 测站PSAP与周围测站海拔比较　(d) 测站TROY与周围测站海拔比较

图 8.11　测试样本测站海拔

从以上分析可知,预测效果与测站样本有很大关系,南加利福尼亚州面积较大,高低海拔相差很大,而且变化复杂,加上 SCIGN 测站位置的关系,在整个 SCIGN 测站中随机选取训练和测试样本,进行整个南加利福尼亚州的对流层延迟的预测,或许不是最佳的方案,如果有选择的选取研究区域和样本,可能获得比较理想的预测效果。

§8.3 基于多因素的对流层延迟估算

在本章前两节的探讨中,可以发现在地形起伏较大地区进行对流层延迟插值,如果只考虑经纬度、高程,插值效果不是很理想,本节以北京市为例,采用BP神经网络方法,综合考虑经度、纬度、高程、气压、温度等要素,进行对流层延迟的插值预测研究。

8.3.1 大气延迟估算过程

为了更精确地获取大气延迟,在估算大气延迟时需要综合考虑大气延迟的影响因素。本研究拟综合考虑大气延迟的影响因素——经度、纬度、高程、温度、气压,进行大气延迟的估计。由于以上数据类型多,各影响因素的数值差别也较大,以一个直接的确定化模型来进行大气延迟的估算实施非常困难。作为基于误差反向传播算法的一种人工神经网络,BP神经网络有效解决了非线性连续函数求解过程中的多层前馈网络权重调整问题,本节选择该网络用于大气延迟的估算。

本研究以北京市作为研究对象,通过北京市GPS连续跟踪网测站的高程、经度、纬度、温度、气压数据作为神经网络的输入数据,北京市GPS连续跟踪网数据反演的对流层延迟作为神经网络的输出数据。通过多次训练学习过程,完成BP神经网络模型估算大气延迟。

1. BP神经网络系统的输入输出参数准备

输入、输出参数包含经度、纬度、高程、气压、温度、大气延迟(对流层延迟)。由于输入输出参数数值差别较大,在进行神经网络模型构建以前需要对各参数进行归一化处理。

2. BP神经网络预测建模分析

隐含层神经元数目的确定。本项目选取的BP神经网络的输入层、输出层及它们的神经元个数都已确定,隐含层神经元个数与求解问题的要求、输入输出单元的数目都有直接联系,本文通过多次实验,以各次实验的误差对比结果来确定。

传递函数的选取非常重要。对常用的转移函数(tansig函数、logsig函数和purelin函数)进行不同组合搭配,通过测试不同组合对网络性能的影响来确定传递函数。

3. BP神经网络模型构建

图8.12为用于大气延迟估算的BP神经网络结构,确定BP网络的结构后,通过输入样本和输出样本对网络进行训练,即对网络的权值和阈值进行学习和修正。

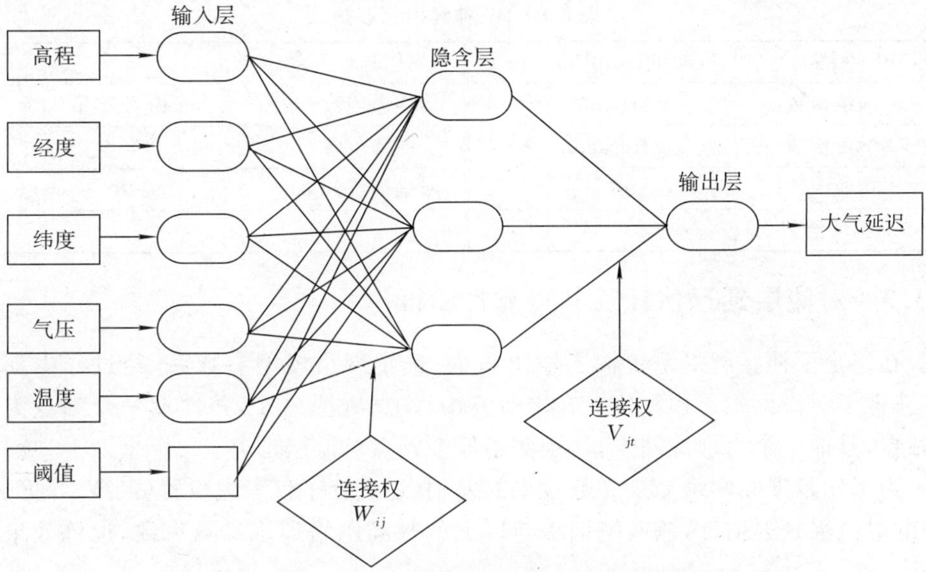

图 8.12　大气延迟估算的 BP 神经网络结构

神经网络模型构建的关键在于通过训练样本的学习过程，确定输入层至隐含层的连接权 w_{ij}，隐含层到输出层的连接权 v_{jt}，隐含层单元阈值 θ_j 的参数估计值。在网络训练之后，通过输入新的输入层数据，即可获得所需时间的大气延迟。

8.3.2　研究数据和 BP 神经网络

研究数据时间为 2008 年 3 月 17 日 01:00，北京市 GPS 网的测站和观测数据如表 8.5 所示。研究采用的 BP 神经网络情况如表 8.6 所示。

表 8.5　研究使用的观测数据

站点名称	纬度/(°)	经度/(°)	高程/m	气温/(℃)	气压/Pa	对流层延迟/m
房山	39.419 7	115.892 5	46.6	7.3	1 007.7	2.344
朝阳	39.763 5	116.500 9	35.3	7.1	1 008.7	2.356 4
昌平	40.033 7	116.211 5	76.2	7.4	1 003.8	2.3479
大兴	39.530 3	116.354 0	37.6	6.2	1 008.4	2.342 6
平谷	39.965 01	117.102 8	28.1	9.3	1 009.3	2.356
石景山	39.750 9	116.200 1	65.6	7.2	1005.0	2.341 1
汤河口	40.5416	116.629 0	331.6	3.0	973.5	2.266 4
延庆	40.259 5	115.968 4	487.9	4.7	954.5	2.226 9
斋堂	40.784 5	115.692 1	440.3	4.6	960.2	2.237 6

表 8.6　BP 神经网络参数

BP 网络类型	Feed-forward backprop	中间层神经元数	12
训练函数	trainlm	传递函数	tansig,logsig
学习函数	learngdm	训练步骤	1 000 步
功能函数	msereg	网络训练效果	0.48
网络层数	3 层		

8.3.3　对流层延迟估计及其可靠性验证

在选定了神经网络系统输入输出参数、确定网络模型参数后，经过样本训练后，获得了对流层延迟预测值。在本研究中，GPS 站点 9 个，每次取一个站点为预测站点，其他 8 个为训练站点，共预测了 5 个站点对流层延迟。

为了比较神经网络输入参数效果的差别，还选择了仅考虑位置(经度、纬度、高程)的对流层延迟估计，该网络训练与以上的神经网络训练参数一致，训练效果为 1.4。

由表 8.7 和表 8.8 可以看出，在增加考虑了气象参数的神经网络训练后，估计的对流层延迟效果要远好于仅考虑位置的对流层延迟效果，估计值与真实值的差值为毫米级。因此，在进行对流层延迟的神经网络设计时，考虑位置、气象要素的神经网络效果好于仅考虑位置的神经网络预测效果。

表 8.7　对流层延迟估计值与真值的比较

站　名	对流层延迟真值/m	对流层延迟估计值/m	真值与估计值的差值/mm
平谷	2.356	2.354 5	1.5
石景山	2.341 1	2.344	−2.9
汤河口	2.266 4	2.262 6	3.8
延庆	2.226 9	2.228 5	−1.6
斋堂	2.237 6	2.230 2	7.4

表 8.8　仅考虑位置的对流层延迟估计值与真值的比较

站　名	对流层延迟真值/m	对流层延迟估计值/m	真值与估计值的差值/mm
平谷	2.356	2.355 9	0.1
石景山	2.341 1	2.330 9	10.2
汤河口	2.266 4	2.235 3	31.1
延庆	2.226 9	2.227 2	−0.3
斋堂	2.237 6	2.227 2	10.4

§8.4　利用多元回归方法改正对流层延迟插值误差

在地形变化起伏较大地区,直接采用克里金插值所得到的对流层延迟效果不太理想,本节我们进一步提出采用多元回归方法改正克里金插值误差。基于美国南加利福尼亚州 GPS 网数据,分别对海拔差异不同的测区进行了实验,从对流层延迟与经纬度、高程之间的关系入手,对训练样本站点的交叉验证误差数据进行拟合,并对插值误差进行预测和改正,从而探讨回归方程改正对流层插值误差的效果及适用范围。

8.4.1　研究资料

南加利福尼亚州 GPS 网站点密集,本节选择从国际 GNSS 服务下载该网络 2010 年 1 月 1 日 GPS 数据,获得该日 GPS 侧站对流层延迟。研究数据为 1:00 的对流层延迟数据。

由于南加利福尼亚范围大且地形起伏大,为了获取更好的对流层延迟插值效果,我们截取两个样本区进行研究。

样本区一,西经 118°00′00″～118°27′00″,北纬 33°32′00″～34°03′00″,区域内有站点 40 个,站点海拔变化较大;

样本区二,西经 118°00′00″～118°27′00″,北纬 33°32′00″～34°03′00″,区域内有站点 35 个,站点海拔变化很大。

8.4.2　数据处理原理

1. 克里金插值法

克里金插值法源于数学地质研究,是由法国学者 G. Matheron 等提出的、以南非采矿工程师 D. G. Krige 命名的一种地质统计学方法(侯景儒 等,1990)。该方法以区域化变量理论为基础、以变异函数为基本工具,能够用来研究分布于空间并呈现出一定的结构性和随机性的数据场。

根据克里金法,研究对象空间某一待求点属性的估计值 $Z^*(x_0)$ 可以通过该待求点影响范围内 n 个有效样品值的线性组合而得到,即

$$Z^*(x_0)=\sum_{i=1}^{n}\lambda_i Z(x_i),\ (i=1,2,\cdots,n)$$

式中,$Z(x_i)$ 是在已知点 $x_i(i=1,2,\cdots,n)$ 处的采样值;λ_i 是加权因子,表示各采样值 $Z(x_i)$ 对估计值 $Z^*(x_0)$ 影响的大小,其求算要保证所求估计值无偏(即使所有的估计值与其真实值之间偏差的期望值为 0),并且估计方差最小。

2. 多元线性回归方程

在现实问题研究中,因变量的变化往往受几个重要因素的影响,此时就需要用两个或两个以上的影响因素作为自变量来解释因变量的变化,这就是多元回归,也称多重回归。当多个自变量与因变量之间是线性关系时,所进行的回归分析就是多元性回归。

设 y 为因变量,$x_1, x_2, \cdots, x_k$ 为自变量,并且自变量与因变量之间为线性关系时,则多元线性回归模型为

$$y = b_0 + b_1 x_1 + b_2 x_2 + \cdots + b_k x_k + e$$

其中,b_0 为常数项,$b_1, b_2, \cdots, b_k$ 为回归系数,e 为常数项。

建立多元性回归模型时,为了保证回归模型具有优良的解释能力和预测效果,应首先注意自变量的选择,其准则是:

(1) 自变量对因变量必须有显著的影响,并呈密切的线性相关。

(2) 自变量与因变量之间的线性相关必须是真实的,而不是形式上的。

(3) 自变量之间应具有一定的互斥性,即自变量之间的相关程度不应高于自变量与因变量之因的相关程度。

(4) 自变量应具有完整的统计数据,其预测值容易确定。

多元性回归模型的参数估计,同一元线性回归方程一样,也是在要求误差平方和为最小的前提下,用最小二乘法求解参数。

8.4.3 数据处理与分析

1. 各站点实际值与插值结果比较

根据样本区一、二的站点对对流层延迟采用克里金法进行插值,对训练站点进行交叉验证,对预测站点进行预测,并把结果与真实值进行比较。

由图 8.13、图 8.14 可以看出,样本区一的训练站点交叉验证效果,也就是训练效果在整体上比样本区二的效果好,但是也有站点的差值在厘米级;由图 8.15、图 8.16 可以看出,样本区一除了一个预测误差特别大的站点外,其整体效果还是要较样本区二好。就两个区的站点分布相对来说都是比较合理的,只是样本区一除了站点(WLSN)的海拔为 1 705.261 m,其他站点(LEEP 的海拔为 485.051 m 和 LBC2 的海拔为 −28.460 m)之间最大高差为 513.511 m;WLSN 的海拔较本区的其他站点高很多,所以在预测站点中 WLSN 的误差是最大的,多达 40 cm(如图 4.15 所示);样本区二的站点(DHLG 的海拔为 −83.044 m 和 BBRY 的海拔为 2 051.063 m)之间的最大高差为 2 134.108 m,其他的站点海拔都分布在这两个站点海拔数值之间,并没有靠拢任何一个值,所以导致样本区二因为海拔的影响,训练站交叉验证与预测站预测效果都不好。

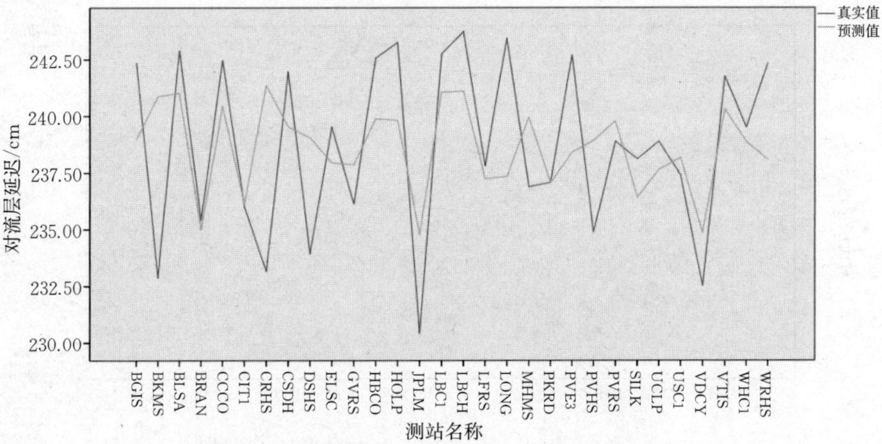

图 8.13　样本区一训练站点的交叉验证效果

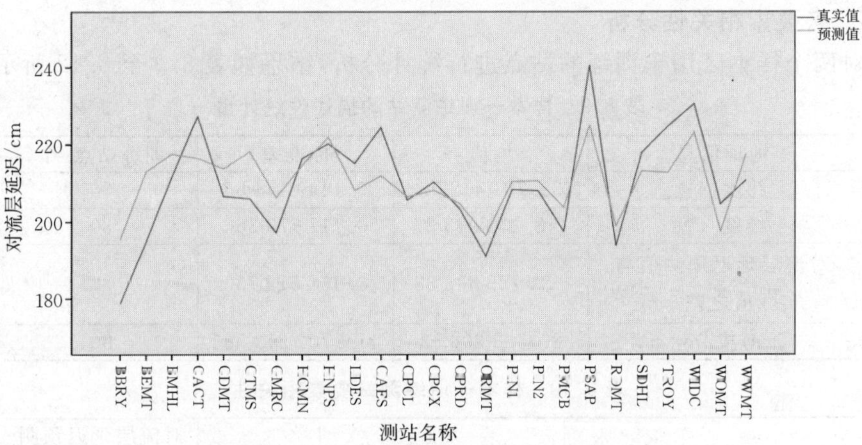

图 8.14　样本区二训练站点的交叉验证效果

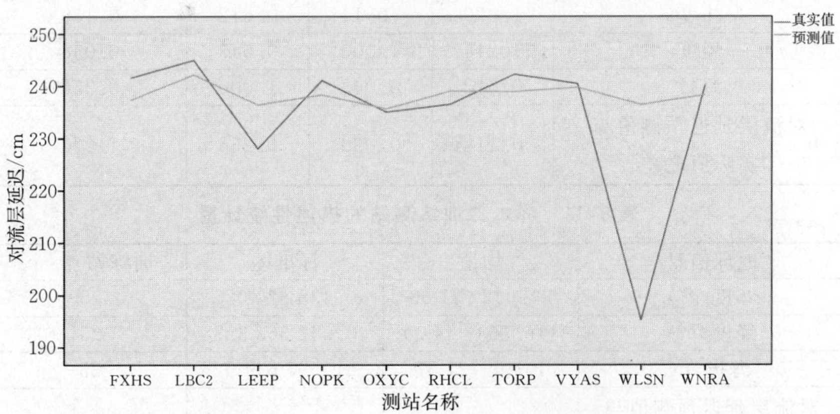

图 8.15　样本区一预测站点的预测效果

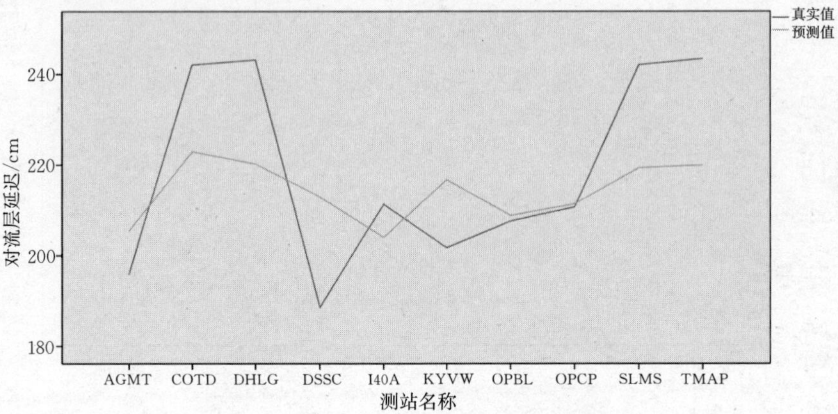

图 8.16 样本区二预测站点的预测效果

2. 各要素相关性分析

对两个样本区用于训练的站点进行统计分析,结果如表 8.9 至 8.12 所示。

表 8.9 样本一训练测站的描述性统计量

地理信息	均值	标准差	训练站点/个
纬度/(°)	33.781 412 07	0.1449 144 65	30
经度/(°)	118.233 983 27	0.117 779 366	30
对流层延迟预测值与实际值之差/cm	−0.126 833 33	3.468 512 730	30
海拔/m	80.556 206 63	114.702 213 583	30

表 8.10 样本一训练测站要素相关性

相关性	纬度	经度	海拔	对流层延迟预测值与实际值之差
纬度	1.000	−0.147	0.612	0.118
经度	−0.147	1.000	0.043	0.038
海拔	0.612	0.043	1.000	0.256
对流层延迟预测值与实际值之差	0.118	0.038	0.256	1.000

表 8.11 样本二训练测站的描述性统计量

地理信息	均值	标准差	训练站点/个
纬度/(°)	34.042 921 60	0.435 820 025	25
经度/(°)	116.364 044 00	0.342 362 323	25
海拔/m	1 049.727 57	501.595 644 926	25
对流层延迟预测值与实际值之差/cm	0.807 840 00	8.930 140 810	25

表8.12　样本二训练站点要素相关性

相关性	纬度	经度	海拔	对流层延迟预测值与实际值之差
纬度	1.000	0.067	0.197	0.027
经度	0.067	1.000	0.452	0.015
海拔	0.197	0.452	1.000	0.632
对流层延迟预测值与实际值之差	0.027	0.015	0.632	1.000

对流层延迟的水平地域性和垂直梯度性分布特征对其插值结果会产生很大的影响。本文在利用经、纬度对对流层延迟进行空间插值的基础上，考虑站点海拔对插值结果的影响。因此，将南加州截取的两个样本区的训练站点经度、纬度、海拔与交叉验证误差进行总体性相关分析。通过偏相关系数分析发现交叉验证误差与经度、纬度、海拔均为正相关，其中与海拔有着显著的相关关系。在样本一，与海拔高度的总体相关系数为0.256，在样本二中为0.632。仅与经度、纬度的相关系数很低，只是弱相关，另外仅与样本一中的纬度相关性有较为明显的相关性，相关系数为0.118。就所选两个样本区而言，样本区二站点高低海拔变化较样本区一要大很多，也就是说样本区一相对来说要平缓一些，以上分析不难得出，插值误差与经度、纬度、海拔相关，且在站点高低海拔相差大的地区与海拔的相关系数较大；在较平缓的地区也与海拔有明显相关性，同时也与纬度有着较大相关性。

3．数据处理方案

根据上述分析，先对两个样本区分别用克里金法进行插值和交叉验证，并且得到每个训练样本站点的插值误差，本文用回归方程改正插值误差，首先要拟合出训练站点的插值误差与站点经纬度、海拔及其组合形合等为自变量的回归方程，有下面提出三种自变量的拟合方案：

(1)方案一，插值误差与海拔。

(2)方案二，插值误差与经度、纬度。

(3)方案三，插值误差与经度、纬度、海拔。

利用回归方法，结合样本区一和样本区二的插值误差、经度、纬度和海拔数据，可拟合出样本区一和样本区二的三种回归方程。

$$\left.\begin{aligned}\Delta ZTD &= 0.008H - 0.75\\ \Delta ZTD &= 3.02N + 1.664W - 298.825\\ \Delta ZTD &= -1.365N + 0.505W + 0.008H - 14.479\end{aligned}\right\} \tag{8-1}$$

$$\left.\begin{aligned}\Delta ZTD &= 0.011H + 0.808\\ \Delta ZTD &= 0.525N + 0.355W - 58.377\\ \Delta ZTD &= -2.247N - 8.939W + 0.014H - 1101.345\end{aligned}\right\} \tag{8-2}$$

式(8-1)、式(8-2)分别为样本区一、二训练站点插值数据拟合所得；式中，

ΔZTD 为插值误差，N 为纬度，W 为经度，H 为海拔。

根据训练样本站点插值数据拟合出两个样本区的三种回归方程，对预测测站的插值误差进行改正。

4. 各方案改正效果比较

先对每个预测站点进行克里金插值，然后可以得出其预测值与真实值的差值，即实际误差，再与各改正方案的改正值进行对比分析。

由图 8.17、图 8.18 可以看出，两个样本区各改正方案的改正值符合插值误差真值的趋势，样本区一的各改正方案整体上要比样本区二好，除了 LEEP 和 WLSN 两站外，其他站点均得到很大的改正，改正以后精度可达厘米级，甚至毫米级；但是样本区二的改正效果根本不能达到应用要求。另外，从图 8.17、图 8.18 中三种改正方案的改正效果可以得出，方案三好于方案一，方案一优于方案二；从三种方案的改正因子可以得出，有海拔因子的方案效果要远优于没有的方案，有经度、纬度因子的方案略优于没有的方案；以上改正效果与两个样本区的海拔分布有

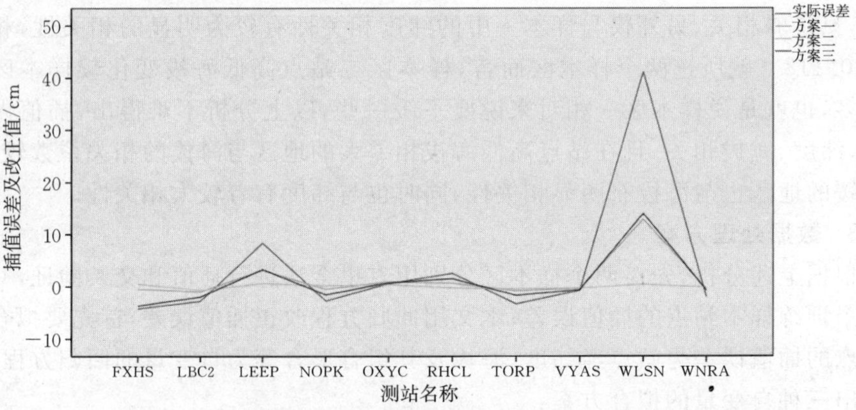

图 8.17　样本区一各预测站点插值误差及各方案改正情况

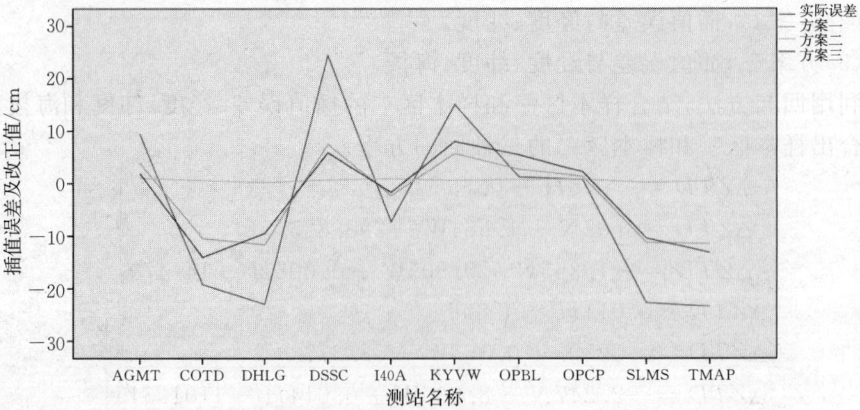

图 8.18　样本区二各预测站点插值误差及各方案改正情况

密切关系,样本区一站点位置均匀、海拔分布差异较小(除 WLSN 站外),所以用经度、纬度、海拔作为改正因子的回归方程在较大程度上改正了直接插值所带来的误差,对于如样本区二海拔分布差异很大的测区,回归方程改正效果不佳,不宜使用。

§8.5　基于 GPS 的北京地区 MODIS 水汽校正

由于高精度的 InSAR 应用迫切需要及时获得大气水汽含量及其时空变化情况,MODIS 等对地探测卫星传感器因其技术自身的优势,使得区域乃至全球范围的较高空间分辨率水汽分布信息的获取成为可能。搭载 MODIS 的 Terra 卫星为近极地太阳同步轨道运行,与搭载 SAR 传感器的 Envisat 星相同,均为上午 10:30 穿过赤道降交点,且 MODIS 影像幅宽约为 2 330 km,所得水汽分布场空间分辨率为 1 km×1 km,因此,利用 MODIS 的水汽反演结果对 InSAR 的近似同步测量结果进行校正是可行的。利用 MODIS 水汽数据改正 InSAR 干涉影像大气影响的思想由李振洪博士首次提出并实现,即 GPS/MODIS 集成大气改正方法。

星载遥感技术是获取全球高空间分辨率大气水汽分布最有效的途径。美国国家航空航天(NASA)局分别于 1999 年 12 月 18 日和 2002 年 5 月 4 日发射的 Terra 和 Aqua 卫星上都装载有中尺度分辨率成像光谱辐射仪(MODIS)。MODIS 包含 36 个波段,分别针对陆地、海洋、水汽、气溶胶等而设计,其通道设计综合考虑了各种因素,使得从遥感影像上反演水汽含量、气溶胶、大气廓线精度大大提高,并开发了多种反演算法。MODIS 近红外水汽反演算法主要利用在近红外 940 nm 波长附近存在强水汽吸收特性,其他气体的影响很少,在 865 nm 和 1 240 nm 附近窄波段的大气透过率(不包括连续吸收)大于 0.99。

利用独立观测值(如 GPS、MODIS 和 MERIS) 削弱大气影响。水汽含量估值的精度、空间分辨率和时间分辨率均为重要影响因素。此外,合理的空间拟合方法和应用方式也是决定大气改正能否成功的重要因素。本文基于北京地区 GPS 连续跟踪网和气象资料,针对北京地区的 MODIS 水汽观测值进行比较研究,通过线性回归方法对 MODIS 水汽值进行改正,针对冬季、夏季两季节水汽差异较大的特点,分别构建冬季、夏季的北京地区 MODIS 水汽修正模型,且对修正效果进行比较验证。

8.5.1 实验所需的 GPS 和 MODIS 数据

1. 北京市全球卫星定位综合应用服务系统及实验数据

作为我国重要的空间信息基础设施项目之一,北京市全球卫星定位综合应用服务系统是利用现代全球卫星定位技术,可接收三大定位卫星网(美国、俄罗斯、中国)信号,经过联网处理,提供事后毫米级,实时厘米级、分米级、米级等不同精度三维定位和时间信息，为北京 30 多类行业，如交通、金融、商业、旅游、水利、矿产、森林、农业、环保、国土、规划、测绘、地震、气象等提供个性化服务。目前整个系统在北京市及河北省境内共建 28 个连续运行的 GNSS 卫星跟踪站，系统由基准站网、管理系统、监测系统、服务系统及用户服务子系统五部分组成。

我们从北京市全球卫星定位综合应用服务系统中，收集并整理 2007 年、2008 年期间部分时间段 GPS 观测数据，并下载北京房山测站同期数据，采用国际 GNSS 服务提供的精密星历，时间为 UTC 时间 02:00～06:00，时间与 MODIS 数据同步，每 10 min 解算出一个对流层延迟，具体 GPS 测站信息和时间如表 8.13 所示。根据 GPS 气象学原理，结合收集的北京市气象资料（温度、气压），得到与 MODIS 水汽值相同时间的 GPS 水汽值。

表 8.13　GPS 测站名称和数据时间

测站名称	测站名	数据时间
房山	BJFS	2007 年：6 月 10～12 日，7 月 15～17 日，12 月 2～4 日； 2008 年：1 月 6～8 日，2 月 10～12 日，3 月 16～18 日，6 月 29 日～7 月 1 日，8 月 3～5 日
测绘院	CEHY	
昌平	CHPN	
大兴	DAXN	
东三旗	DSQI	
密云	MYUN	
牛口峪	NKYU	
牛栏山	NLSH	
平谷	PING	
石景山	SHIJ	
汤河口	THKO	
西集	XIJI	
延庆	YANQ	
斋堂	ZHAI	

2. MODIS 水汽反演

根据辐射传输方程，卫星传感器在某一波长所接收的辐射可以表示为

$$L_{\text{sensor}(\lambda)} = L_{\text{sum}(\lambda)} T_{(\lambda)} R_{\lambda} + L_{\text{path}(\lambda)} \tag{8-3}$$

其中，L_{sun} 是大气上界太阳辐射，$R_{(\lambda)}$ 为地表反射率，$L_{\text{path}(\lambda)}$ 是路径的散射辐射，在近红外光谱区可以忽略。$T_{(\lambda)}$ 代表整层大气透射比，包含太阳—下垫面—传感器路径大气含水量信息。定义反照率为 $\rho_{(\lambda)} = L_{\text{sensor}(\lambda)} / L_{\text{sun}(\lambda)}$，联立式(8-3)得

$$T_{(\lambda)} = \rho_{(\lambda)} / R_{(\lambda)} = L_{\text{sensor}(\lambda)} / (L_{\text{sun}(\lambda)} R_{(\lambda)}) \tag{8-4}$$

不同的下垫面在同一波长上的反射率 $R_{(\lambda)}$ 不同，因此不可能通过单一通道的辐射获得水汽的透射率。然而如果地面的反射率不随波长变化，路径辐射只是太阳直接反射辐射中的小项，在水汽吸收通道上，水汽的透射率就可通过一个吸收通道与一个窗区通道的比值得到，此即二通道比值法，窗区以 0.865 μm 为例，公式

如下

$$T_{(\lambda)} = \rho_{(\lambda)} / \rho(0.865\mu\mathrm{m}) \tag{8-5}$$

如果地面反射率随波长是线性变化的,水汽吸收通道上水汽的透射率就可以通过一个吸收通道与两个窗区通道的比值得到,此即三通道比值法,公式如下

$$T_{(\lambda)} = \rho_{(\lambda)} / (C_1\rho(0.865\ \mu\mathrm{m}) + C_2\rho(1.24\ \mu\mathrm{m})) \tag{8-6}$$

其中,$C_1 = 0.8$,$C_2 = 0.2$,λ 指吸收通道。

在美国国家航空航天局的网页上(http://modis.gsfc.nasa.gov/data/)提供有 MODIS 近红外水汽数据结果(MOD05_L2,MYD05_L2),作者在此网页下载了与 GPS 数据同期的水汽值,并以此作为进一步研究所需的原始数据。

8.5.2　GPS 水汽与 MODIS 水汽的比较

为了将 MODIS 水汽信息应用到 InSAR 处理中去除大气延迟的影响,需要验证 MODIS 水汽值的准确程度。GPS 气象学经过近 20 年的研究和发展,GPS 水汽可以达到与气象领域的无线电探空、水汽辐射计等水汽探测一致的精度。由于 GPS 数据连续,可以得到与 MODIS 时间一致的水汽数据,因而用 GPS 水汽来进行 MODIS 的水汽值的验证。以北京市全球卫星定位综合应用服务系统的十余个 GPS 测站信息为基础,用 ENVI 软件获得 2007—2008 年的各 GPS 测站区域的 MODIS 水汽值。由于北京位于北方,春季和秋季时间较短,冬季和夏季时间较长,而冬季和夏季的水汽值相差很大,在进行比较时,以冬季(10～4 月)和夏季(5～9 月)分别进行两者的比较。图 8.19 为夏季 GPS 与 MODIS 水汽的比较,图 8.20 为冬季 GPS 与 MODIS 水汽的比较。

由图 8.19、图 8.20 可以看出,夏季 GPS 和 MODIS 水汽值较大,冬季 GPS 和 MODIS 水汽值较小。GPS 和 MODIS 水汽值不相同,存在一定的偏差,表 8.14 为 GPS 可降水量与 MODIS 可降水量的比较结果。

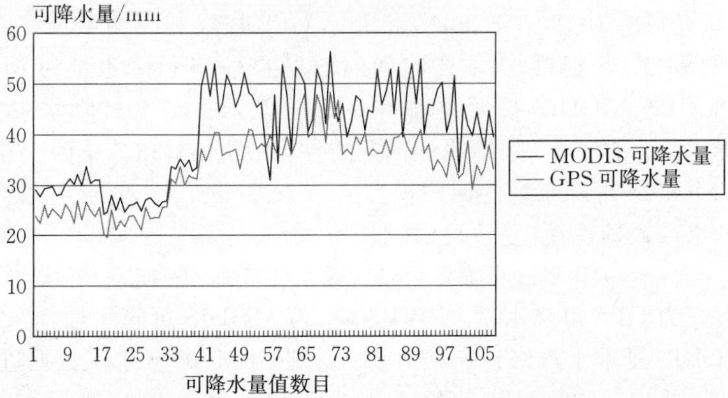

图 8.19　夏季 GPS 与 MODIS 水汽的比较

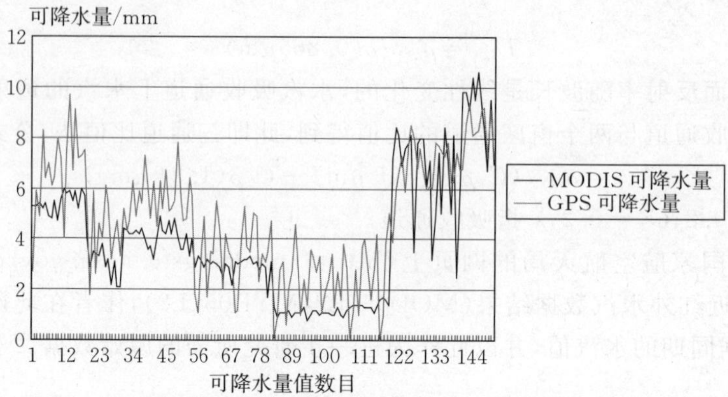

图8.20 冬季GPS与MODIS水汽的比较

表8.14 GPS可降水量与MODIS可降水量比较

统计类型	GPS可降水量与MODIS可降水量之差	
	夏季	冬季
均值/mm	6.6	−0.8
绝对值均值/mm	6.9	1.5
均方根/mm	8.9	1.6
相关性	0.84	0.78

8.5.3 MODIS水汽校正模型及验证

通过GPS与MODIS水汽的比较，MODIS水汽值存在较大的偏差，在利用MODIS水汽值进行InSAR大气效应去除以前，需要进行MODIS水汽值的修正。利用线性回归方法，针对GPS水汽和MODIS水汽值，除了留有少量数据用于模型检验外，其余GPS数据和MODIS数据均用于建模。在进行MODIS水汽建模时，分别对夏季、冬季进行建模。

本小节研究资料为2007年、2008年北京GPS连续观测网站点可降水量资料和北京地区的MODIS资料，提取同时间同地点的GPS可降水量和MODIS可降水量数据，将GPS、MODIS按照夏季和冬季分类，以GPS可降水量为应变量，MODIS可降水量为自变量，采用线性回归方法，获得夏季和冬季两个季节的GPS可降水量与MODIS可降水量的回归模型。

MODIS水汽数据建模(夏季)公式如下

$$PWV_{GPS} = PWV_{MODIS} \times 0.635 + 7.912 \tag{8-7}$$

式中，PWV_{GPS} 为GPS可降水量，PWV_{MODIS} 为MODIS可降水量。

根据MODIS夏季水汽修正模型对部分未使用MODIS水汽数据进行修正，获得水汽修正值，并与对应的GPS可降水量进行比较，如表8.15所示。

表 8.15　MODIS 可降水量修正值与 GPS 可降水量的比较(夏季)

MODIS 可降水量 /mm	GPS 可降水量 /mm	MODIS 可降水量 修正值/mm	MODIS 可降水量与 GPS 可降水量 之差/mm	MODIS 可降水量 修正值与 GPS 可降水量之差/mm
30.2	22.4	27.1	7.8	4.7
24.7	21.8	23.6	2.9	1.8
26.7	25.6	24.9	1.1	−0.7
51.8	36.5	40.8	15.3	4.3
40.5	39.5	33.6	1	−5.9
45.5	43.1	36.8	2.4	−6.3
44.2	37.2	36	7	−1.2
46	38.9	37.1	7.1	−1.8
41.6	38.6	34.3	3	−4.3
49.1	37.5	39.1	11.6	1.6

同理,利用冬季 GPS 可降水量和 MODIS 可降水量数据,采用回归方法,可以获得冬季 MODIS 可降水里修正模型,模型如下

$$PWV_{\mathrm{GPS}} = PWV_{\mathrm{MODIS}} \times 0.740 + 1.877 \tag{8-8}$$

根据 MODIS 冬季水汽修正模型对部分未使用 MODIS 水汽数据进行修正,获得水汽修正值,并与对应的 GPS 可降水量进行比较,如表 8.16 所示。

表 8.16　MODIS 可降水量修正值与 GPS 可降水量的比较(冬季)

MODIS 可降水量 /mm	GPS 可降水量 /mm	MODIS 可降水量 修正值/mm	MODIS 可降水量与 GPS 可降水量 之差/mm	MODIS 可降水量 修止值与 GPS 可降水量之差/mm
5.5	6	5.9	−0.5	−0.1
5.8	6.8	6.2	−1	−0.6
4.7	4	5.4	0.7	1.4
3.4	2.7	4.4	0.7	1.7
8.3	6.7	8	1.6	1.3
8.9	7	8.5	1.9	1.5
10.5	6.8	9.6	3.7	2.8
6.4	8.7	6.6	−2.3	−2.1
7.8	8.4	7.6	−0.6	−0.8
1.3	2.2	2.8	−0.9	0.6
1.1	4.2	2.7	−3.1	−1.5
2.8	4.1	3.9	−1.3	−0.2
3.9	5.2	4.8	−1.3	−0.4
5.6	8.5	6	−2.9	−2.5
5.4	8.6	5.9	−3.2	−2.7

由表 8.15、表 8.16 可以看出,校正的 MODIS 水汽值比起 MODIS 水汽原始值来说,更为接近 GPS 水汽值,通过夏季、冬季 MODIS 校正模型,可以实现 MODIS 水汽的修正。

第9章 总结与展望

§9.1 总 结

水汽是一个多变参数，它的相位变化与降雨直接相关，在大气能量传输和天气系统演变中起着非常关键的作用，大气中的水汽含量是预报中尺度或局地尺度的降雨强度的一个必要参数。由于受常规大气观测手段时空分辨率的限制，我们对于水汽的时变特性和空间分布研究还不够。GPS 技术为探测大气水汽提供了一种新的手段，它可以作为传统大气观测的有效辅助手段。GPS 可降水量也是解决 InSAR 大气效应影响的一个有效方法。

本论文在介绍地基 GPS 遥感水汽原理的基础上，进行了 GPS 气象学应用研究。主要工作如下：

(1)针对区域 GPS 网准实时可降水量解算中的一些问题，提出了有效的解决方案。

(2)利用中国地壳运动监测网络数据，在中国首次利用 GPS 技术进行中国大陆的水汽变化研究；根据解算的网络中的测站对流层延迟的时间序列，反演了中国大陆地区的水汽季节变化；利用 GPS 可降水量进行了不同气候类型的研究，研究了不同气候类型可降水量的变化。

(3)针对武汉 GPS 连续观测网、河北省 GPS 连续观测网数据，进行了区域大气加权平均温度模型、无气象要素的对流层延迟转换为可降水量、可降水量与降水的对比、利用经验模态分解与神经网络结合进行 GPS 可降水量预测等研究，对于 GPS 可降水量应用于短期预报具有很好的促进作用。

(4)在 GPS 气象学应用于 InSAR 大气校正领域，主要进行了对流层延迟插值问题研究，采用 BP 神经网络、多元回归方法进行了对流层延迟的估算研究，并对北京市 MODIS 水汽进行分季节建模，用于 MODIS 水汽修正。

§9.2 研究展望

随着越来越多的区域性 GPS 网的建立，地基 GPS 气象学将得到更加广泛的应用。本书探讨了 GPS 气象学应用的一些问题，研究的深度和广度还有待于进一步深化和拓展。在本书研究的基础上，下一步计划围绕以下几个方面的问题进行研究：

(1)BP 神经网络用于对流层延迟(大气延迟)的估计。对流层延迟不仅与空间位置(经纬度、高程)、气象要素(温度、气压),还与当地的地形有关,在下一步研究工作中,拟通过加入坡度、坡向数据,再进行神经网络训练和估计,以 GPS 数据和 MERIS 数据进行验证,提高神经网络估计效果。

(2)GPS 对流层延迟用于 InSAR 大气校正。前文的工作都是 GPS 对流层延迟插值估计,下一步需要将估计的对流层延迟用于 InSAR 大气效应的去除。

参考文献

曹云昌,方宗义,夏青.2004.地空基GPS探测应用研究进展[J].南京气象学院学报(4):565-572.

常晓丽.2006.基于MATLAB的BP神经网络设计[J].机械工程与自动化(4):36-37.

陈俊勇.1998.地基GPS遥感大气水汽含量的误差分析[J].测绘学报(2):113-118.

陈敏,范水勇,仲跻芹.2010.全球定位系统的可降水量资料在北京地区快速更新循环系统中的同化试验[J].气象学报68(4):450-463.

陈敏,仲跻芹,郑祚芳.2008.北京地区一次强降水过程的多种观测资料四维变分同化试验[J].北京大学学报:自然科学版,44(5):756-764.

邓佳,李国平.2012.引入地基GPS可降水量资料对一次西南涡暴雨水汽场的初步分析[J].高原气象,31(2):400-408.

丁海燕,李青春,郑祚芳,等.2012.利用北京GPS监测网分析夏季暴雨的水汽特征[J].应用气象学报,23(1):47-58.

董长虹.2005.Matlab神经网络与应用[M].北京:国防工业出版社.

高隽.2005.人工神经网络原理及仿真实例[M].北京:机械工业出版社.

高强,段晨东,孟庆丰.2008.经验模式分解端点效应处理方法研究[J].振动与冲击,27(S):136-138.

郭洁,李国平,黄文诗,等.2009.不同类型降雨过程中GPS可降水量的特征分析[J].水科学进展,20(6):763-768.

何平,徐宝祥,周秀骥,等.2002.地基GPS反演大气水汽总量的初步试验[J].应用气象学报(2):179-183.

侯景儒,黄竞先.1990.地质统计学的理论与方法[M].北京:地质出版社.

李成才,毛节泰.2004.地基GPS遥感大气水汽总量中的“静力延迟”和“湿延迟”[J].大气科学,28(5):795-800.

李国翠,李国平,陈小雷,等.2011.一次西太平洋副热带高压进退过程中暴雨的GPS可降水量特征[J].大气科学学报,34(4):393-399.

李国平,陈娇娜,郝丽萍.2011.基于GPS-PWV的不同云系降水个例的综合分析[J].武汉大学学报:信息科学版,36(4):384-388.

李红莉,万蓉,谢有才.2010.利用LAPS系统同化地基GPS水汽资料的应用研究[J].热带气象学报,26(5):702-709.

李建国,毛节泰,李成才,等.1999.使用全球定位系统遥感水汽分布原理和中国东部地区加权“平均温度”的回归分析[J].气象学报,57(3):283-292.

李青春,张朝林,楚艳丽,等.2007.GPS遥感大气可降水量在暴雨天气过程分析中的应用[J].气象,33(6):51-59.

李征航,徐晓华,罗佳,等.2003.利用GPS观测反演三峡地区对流层湿延迟的分布及变化[J].武汉大学学报:信息科学版(4):393-396.

刘乐,王洪国,王宝伟. 2008. 基于PCA和改进BP网络的降雨预报模型研究[J]. 计算机工程与应用,44(12):234-237.

刘维群,李元臣. 2005. BP网络中隐含层节点优化的研究[J]. 交通与计算机,23(2):83-86.

刘炎雄,HBIZ,陈永奇. 2000. GPS气象学中垂直干分量延时的精确确定[J]. 测绘学报,29(2):172-180.

罗布,杨秀海,央金. 2010. 西藏地区GPS水汽资料与降水量之间的对比分析[J]. 高原山地气象研究,30(1):54-57.

邱添. 2007. 基于非线性主成分分析与神经网络的参数预测模型[D]. 成都:四川大学.

邵晨曦,王剑,范金锋,等. 2007. 一种自适应的EMD端点延拓方法[J]. 电子学报,35(10):1944-1948.

宋淑丽,朱文耀,程宗颐,等. 2004. GPS信号斜路径方向水汽含量的计算方法[J]. 天文学报(3):338-347.

宋淑丽,朱文耀,丁金才,等. 2005. 上海GPS网层析水汽三维分布改善数值预报湿度场[J]. 科学通报,50(20):2271-2277.

王国安. 1999. 可能最大暴雨和洪水计算原理与方法[M]. 北京:中国水利水电出版社.

王婷,杨苹元,李冰冰. 2009. 一种改善EMD端点效应的新方法[J]. 哈尔滨理工大学学报,14(5):23-26.

王小亚,朱文耀,严豪健. 1998. 地基GPS观测大气可降水汽量的方法和前景[J]. 天文学进展(2):135-142.

王小亚,朱文耀,严豪健,等. 1999. 地面GPS探测大气可降水量的初步结果[J]. 大气科学,23(5):605-612.

王勇,刘严萍,柳林涛,等. 2007. 区域GPS网对流层延迟直接推算可降水量研究[J]. 热带气象学报,23(5):510-514.

王勇,柳林涛,许厚泽,等. 2007. 利用GPS技术反演中国大陆水汽变化[J]. 武汉大学学报:信息科学版,32(2):152-155.

王勇,柳林涛,郝晓光,等. 2007. 武汉地区GPS气象网应用研究[J]. 测绘学报,36(2):141-145.

杨红梅,徐宝祥,周秀骥. 2000. GPS资料在天气分析中的应用[J]. 气象科技(4):32-35.

杨力. 2001. 大气对GPS测量影响的理论与研究[D]. 郑州:信息工程大学测绘学院.

余晓磊,巫兆聪,江万寿,等. 2012. 武汉地区地基GPS遥感水汽与气象因子的相关性分析[J]. 地理与地理信息科学,28(1):55-60.

袁招洪,丁金才,陈敏. 2004. GPS观测资料应用于中尺度数值预报模式的初步研究[J]. 气象学报(2):200-212.

袁招洪,丁金才,陈永林. 2004. 中尺度数值预报模式预报水汽与GPS观测的比较研究[J]. 大气科学(3):433-440.

张端禹,王明欢,陈波. 2010. 2008年8月末湖北连续大暴雨的水汽输送特征[J]. 气象,36(2):48-53.

钟佑明,秦树人,汤宝平. 2002. Hilbert-Huang变换中的理论研究[J]. 振动与冲击,21(4):13-17.

周忠谟,易杰军,周琪. 1999. GPS卫星测量原理与应用[M]. 北京:测绘出版社.

朱金龙,邱晓辉. 2006. 正交多项式拟合在 EMD 算法端点问题中的应用[J]. 计算机工程与应用, 23(2):72-74.

霍顿. 1981. 大气物理学[M]. 中国科学院大气物理研究所,译. 北京:科学出版社.

BASILI P, BONAFONI S, FERRARA R, et al. 2001. Assessment of precipitable water vapour by use of a local GPS network and microwave ground-based radiometer [J]. Antennas and Propagation, (1):72-76.

BEVIS M, BUSINGER S, HERRING T A, et al. 1992. GPS meteorology: remote sensing of atmospheric water vapor using the global positioning system [J]. Journal of Geophysical Research, 97: 15787-15807.

CUCURULL L, SEDO P, BEHREND D, et al. 2002. Integrating NWP products into the analysis of GPS observables[J]. Physics and Chemistry of the Earth, 27: 377-383.

DAVIS J L, ELGERED G. 1998. The Spatio-temporal structure of GPS water vapor determinations[J]. Physics and Chemistry of the Earth, 23: 91-96.

DENG Yongjun, WANG Wei, QIAN Chengchun, et al. 2001. Treatment the boundary problem in the empirical mode decomposition and the Hilbert transform [J]. Science Bulletin, 46(3): 257-263.

DUAN J, BEVIS M, Fang P, et al. 1996. GPS meteorology: direct estimation of the absolute value of precipitable water[J]. Journal of Applied Meteorology, 35: 830-838.

ELGERED G. 2001. An overview of COST action 716: exploitation of ground-based and numerical weather prediction applications [J]. Physics and Chemistry of the Earth (A), 26: 399-404.

EMARDSON T R, JOHANSSON J, ELGERED G. 2000. The systematic behavior of water vapor estimates using four years of GPS observations [J]. IEEE Transction Geoscience Remote Sensing, 38: 324-329.

GE Maorong, CALAIS E, HAASE J. 2001. Automatic orbit quality control for near real-time GPS zenith tropospheric delay estimation[J]. Physics and Chemistry of the Earth (A), 26: 177 ~ 181.

GRADINARSKY L P, JOHANSSON J M, BOUMA H R, et al. 2002. Climate monitoring using GPS[J]. Physics and Chemistry of the Earth, 27: 335-340.

HAAN S D, MAREL H V D, BARLAG S. 2002. Comparison of GPS slant delay measurements to a numerical model: case study of a cold front passage[J]. Physics and Chemistry of the Earth, 27: 317-322.

HAASE J, GE Maorong, VEDEL H, et al. 2003. Accuracy and variability of GPS tropospheric delay measurements of water vapor in the Western Mediterranean [J]. American Meteorological Society, 42: 1547-1568.

NORDEN E H, SHEN Zheng, LONG Steven R, et al. 1998. The empirical mode decomposition and the Hilbert spectrum for nonlinear and non-stationary time series analysis[J]. Proceedings of the Royal Society A: Mathematical, Physical and Engineering Sciences, 454: 899-955.

JIN Long, KONG Xueyuan, HUANG Haihong. 2005. Study on the overfitting of the artificial neural network forecasting model[J]. Meteorological Science, 19(1): 216-225.

KUO Y H, ZOU X, HUANG W. 1998. The impact of Global Positioning System data on the prediction of an extratropical cyclone: an observing system simulation experiment [J]. Dynamics of Atmospheres and Oceans, 27: 439-470.

LIOU Yuei-An, Huang Cheng-Yung, Teng Yu-Tun. 2000. Precipitable water observed by ground-based GPS receivers and microwave radiometry[J]. Earth Planets Space, 52: 445-450.

LIOU Yuei-An, Teng Yu-Tun. 2001. Comparison of Precipitable Water Observations in the Near Tropics by GPS, Microwave Radiometer, and Radiosondes[J]. Journal of Applied Meteorology, 40: 5-15.

MACDONALD A E, XIE Yuanfu. 2002. Diagnosis of three-dimensional water vapor using a GPS network[J]. Monthly Weather Review, 130: 386-397.

MAGHRABI A, CLAY R. 2011. Nocturnal infrared clear sky temperatures correlated with screen temperatures and GPS-derived PWV in southern Australia [J]. Energy Conversion and Management, 52: 2925-2936.

NIELL A E. 1996. Global mapping functions for the atmosphere delay at radio wavelengths[J]. Journal of Geophysical Research, 101: 3227-3246.

ROCKEN C, HOVE T, IOHNSON J, et al. 1995. GPS/STROM-GPS sensing of atmospheric water vapor for meteorology[J]. Journal of Applied Meteorology, 12: 468-478.

SECO A, RAMIREZ F, SERNA E, et al. 2012. Rain pattern analysis and forecast model based on GPS estimated atmospheric water vapor content[J]. Atmospheric Environment, 49: 85-93.

TOMASSINI M, GENDT G, DICK G, et al. 2002. Monitoring of Integrated Water Vapour from ground-based GPS observations and their assimilation in a limited-area NWP model [J]. Physics and Chemistry of the Earth, 27: 341-346.

WARE R H, FULKER D W, STEIN S A, et al. 2001. Real-time national GPS networks for atmospheric sensing[J]. Journal of Atmospheric and Solar-Terrestrial Physics, 63: 1315-1330.